Volker Baars, Jahrgang 1963, ist mit Leib und Seele Trainer und Motivator. Er hat im ersten Abschnitt seines Berufslebens zahlreiche Existenzen im Schwimmschul-Bereich geschaffen. Seine Methodik-Lehrfilme (www.schwimmen-lernen.de / www.learn-to-swim.com) helfen Menschen auf außergewöhnliche Art und Weise innerhalb kürzester Zeit schwimmen zu lernen. Durch seine Praxis mit mehr als 6000 Schwimmschülern verfügt er über einen enormen Erfahrungsschatz im Umgang mit Menschen. Er hat Sportwissenschaft / Sportpsychologie studiert. Seine Erfahrungen aus dem Leistungssport, als Aktiver und als Trainer schärften seinen Blick für das Wesentliche. Kreativität und Vereinfachung von Methoden und sind seine wichtigsten Werte.

Mit diesem Buch will er jetzt auch anderen Menschen Mut machen für Veränderungen auf ihrem Weg zu mehr Sinnhaftigkeit und mehr Lebensfreude. Volker Baars hilft heute als Coach und Seminarleiter Menschen, Klarheit über ihre Werte und Glaubenssätze zu gewinnen und unterstützt sie bei der Erarbeitung konkreter und zielgerichteter Zukunftspläne.

Es gibt drei wesentliche Alleinstellungsmerkmale zu anderen Coaching-Büchern:

1. Es belegt typische negative Glaubensmuster in Form von eigens erlebten Storys. Dadurch kann jeder seine noch aktiven Glaubensmuster leichter erkennen und findet Ansätze zur Veränderung.

2. Zu jedem Glaubenssatz werden mögliche Ursachen genannt. Dadurch verstehen wir besser, warum wir heute so handeln, wie wir handeln.

3. Das Buch zeigt anhand von Beispielen aus der Praxis, welche enormen Veränderungen eintreten können, selbst wenn wir nur *einen einzigen* aus dieser Fülle von Glaubenssätzen verändern würden.

Trotz Erziehung erfolgreich!

Veraltete Glaubensmuster unter der Lupe und wie Du sie verändern kannst

Inhaltsverzeichnis

Inhaltsverzeichnis 5

Vorwort 9

Trotz Erziehung erfolgreich 15

   Übung Teil 1: Was bremst? 20

   Übung Teil 2: Negative Glaubenssätze 21

   Welche Glaubenssätze kommen Dir bekannt vor? 21

   Wie reden wir mit uns? 28

   Wie reden wir über Andere? 29

Warum die Lupe mich so begeistert 30

Welche Funktion sollte Erziehung haben? 36

Storys zu negativen Glaubenssätzen und mögliche Ursachen 46

   Das Schlüsselerlebnis: „Ich muss brav sein!" 47

   „Kenn´ ich schon!" 49

   „Ich kann schwer Nein sagen!" 52

      Wie schaffe ich es „Nein" zu sagen, ohne dass mein Gegenüber beleidigt ist? 54

      „Dein Problem!" oder gibt es eine bessere Variante mit negativen Emotionen des Gegenübers umzugehen? 56

   „Männer sind alle gleich…" 58

   „Ich bin noch nicht gut genug!" 63

   „Das kann ich nicht" 66

„Ich mach´ das lieber selber!" 69

„Man kann nur mit einem 12-14 Stunden Arbeitstag erfolgreich werden" 72

„Ich kann nicht sparen, ich will jetzt leben!" 75

„Sei schön bescheiden!" 77

    Die Folgen falscher Bescheidenheit und was wir daraus lernen können 80

„Das macht man nicht!" 83

„Ich bin manchmal eifersüchtig" 85

„Ich weiß nicht, was ich will!" (Ich kann mich schwer entscheiden, was meine Ziele sind) 87

„Geben ist seliger als Nehmen!" 90

„Ich bin zu faul" 91

„Es gibt Wichtigeres als Geld" oder „Geld allein macht auch nicht glücklich" 92

„Man muss doch realistisch sein!" 95

„Ich habe immer das Gefühl, mir den kompliziertesten Weg auszusuchen" 99

„Wenn jemand „Nein" sagt, fühle ich mich schlecht" 102

„Ich glaube, ich bin für eine Beziehung nicht geeignet!" 108

„Mein Partner sollte sich mehr um mich kümmern!" 109

„Die Menschen sind ja so dumm!" 110

„Das können wir uns nicht leisten" 113

„Ich muss doch meine Familie ernähren, ich kann jetzt noch nichts ändern!" 115

„Schuster bleib' bei Deinen Leisten!" 120

„Ich bin ein Sicherheitsdenker!" 121

„Ich kann nur unter Druck gute Leistungen vollbringen" 126

„Ich habe das Gefühl, dass meine Arbeit nicht entsprechend anerkannt wird" 132

„Man muss sich durchbeißen!" 136

„Ich kann schwer Hilfe annehmen, ohne diese sofort mit einer Gegenleistung bezahlen zu wollen." 139

„Ich fühle mich schuldig" 144

„Nur, wenn ich Leistung erbringe, bin ich liebenswert" 145

„Ich muss gar nichts!" 147

„Das Leben ist hart" oder „Das Leben ist kein Zuckerschlecken" 149

„Wenn ich Fehler mache, muss ich mich selbst bestrafen" 155

„Überleg' Dir genau, was Du sagst!" 158

Tiefschürfende Lupenfragen 159

Ehrliche Selbstanalysefragen 159

Frustauflösende Fragen 165

Dumme Fragen 167

Energiebringende Fragen 168

Wofür bin ich heute dankbar? 169

Wer gibt mir Rückenwind? 171

Wie kann ich einen negativen Gefühlszustand innerhalb weniger Sekunden in einen positiven verwandeln? 172

Ankern von positiven Gefühlen 172

Fragen, die positive Gefühle auslösen 176

Alte Glaubensmuster mit Humor ins Gegenteil verwandeln 179

Positive Suggestionen 181

„Burnout-Prophylaxe" 184

Gute Nachsätze statt „gute Vorsätze" 186

Literaturübersicht 188

Für Knarik Martirosyan

Vorwort

Meine Mutter war vermutlich glücklich, als ich schrie.

Sie war sicher erschöpft, wie jede Mutter nach einer Geburt, aber auch erleichtert und glücklich. Auch mein Vater soll Tränen in den Augen gehabt haben. Freudentränen. Noch keine Spur von „benimm Dich anständig, schrei hier nicht so rum!" Die Hebamme tat auch kein Ritalin in die Muttermilch. Da gab's noch keins.

Nicht mal ein Jahr später sagte meine ältere Schwester: „Lass ihn brüllen, er ist nicht dran!" Diese Dinge weiß ich natürlich nur aus Erzählungen, aber trotzdem habe ich noch heute als erwachsener Mensch in manchen Situationen immer noch das Gefühl, mit angezogener Handbremse durchs Leben zu laufen, beeinflusst von meinen Erfahrungen und Glaubenssätzen aus Kindheitstagen.

Wer will gern wütend sein? Wer mag es, zu Unrecht beschuldigt zu werden? Wer möchte gern ängstlich sein? Kein Mensch! Trotzdem treten diese Gefühle bei uns mehr oder weniger heftig in Erscheinung.

Warum ist das so?

Wir haben unsere Eltern als „Götter" betrachtet. Ziemlich alles was sie sagten, wurde akzeptiert. Kein Kind kommt auf die Idee zu sagen: „Vater, so nicht! Ich glaube, Du musst liebevoller mit mir umgehen!" Ja, ich war manchmal als Kind jähzornig. Das wurde dann bestraft. „Ab in die Ecke, bis du ausgebockt hast!" hieß es in solchen Situationen. Als Kind bist Du ohnmächtig gegenüber den Erwachsenen.

Wir akzeptierten unsinnige Regeln, ohne diese jemals auf Richtigkeit zu prüfen. Im Nachhinein spüren wir, dass die Eltern oder Erzieher es ja vermeintlich gut mit uns meinten. Sie wollten uns auf den „Ernst des Lebens" vorbereiten. Deshalb lernten wir uns unterzuordnen, brav zu sein und es jedem Recht zu machen. Leider hat das nichts mit Ehrlichkeit und echtem Respekt zu tun.

Dieses Buch kann schmerzhaft sein, wenn uns klar wird, wie viele Jahre schon Muster in uns aktiv sind, die uns nicht bewusst sind. Allerdings ist es nie zu spät, aus diesen Mustern auszubrechen. Viele Menschen beginnen erst mit 50 Jahren richtig durchzustarten, oft ausgelöst durch Krisen gesundheitlicher Art oder auf Beziehungsebene.

Je eher Dir dieses Buch in die Hände fällt, desto besser. Ich glaube, dass die hier genannten Beispiele, die mir selbst passiert sind, viele Menschen betreffen. Was ich hier schreibe ist kein Vorwurf, denn gerade die Generation meiner Eltern hat Kriegszeiten erlebt und wollte uns auf Grund der eigenen Erfahrungen Schlimmes ersparen und einen Weg ebnen. Sie haben ihr Bestes gegeben.

Die bittere Wahrheit ist, dass Erziehung, also wenn jemand versucht an uns zu ziehen, sehr lange unser Potential einschränkt, wenn wir diese Mechanismen nicht erkennen und sie auflösen. Ich glaube an das Gute im Menschen. Niemand will absichtlich sein Kind psychisch quälen. Jeder ist sich bewusst, dass auch Gewalt niemals die Lösung irgendwelcher Probleme sein kann. Auch Ritalin oder andere Medikamente können keine Lösung sein, um Kinder auf den richtigen Pfad zu bringen. Und doch gibt es diese Praktiken. Warum? Weil wir Menschen sind und als Menschen Fehler machen. Wir können nicht alles richtig machen. Wir haben aber heute mehr Möglichkeiten und mehr Zeit für Persönlichkeitsentwicklung.

Mein größter Wunsch wäre, dass dieses Buch einen kleinen Beitrag dazu leisten kann, den Druck und Stress zu reduzieren, der heutzutage fast jedem im Alltag zu schaffen macht. Vielleicht schaffen wir es damit, wieder mehr Freude und Ausgeglichenheit in unseren Alltag zu bringen.

Instinktiv war mir schon immer klar, dass viele Dinge wesentlich leichter von der Hand gehen sollten. Trotzdem war genau das Gegenteil der Fall. Ich war oft verbissen und verkrampft.

Deshalb hat mich Psychologie schon immer begeistert. Ich war offen für Seminare rund um die Persönlichkeitsentwicklung. „Jetzt hast Du schon 100 Bücher gekauft und alle zum gleichen Thema!" wurde ich von der Verwandtschaft kritisiert. Ja, es stimmt. Ich war immer auf der Suche nach der perfekten Lösung für mehr Erfolg. Bücher, wie „Denke nach und werde reich" oder „Bestellungen beim Universum" haben bei mir eher zu Frustrationen geführt. Ich hatte dadurch mehr in der Zukunft gelebt, als in der Gegenwart. Es fehlte die Basis.

Ich kannte meine wichtigsten Werte nicht. Ich kannte meine wichtigsten Talente nicht. Wenn diese Basis nicht da ist, macht es aus meiner heutigen Sicht gar keinen Sinn groß zu denken. Wenn Du noch gar nicht weißt, was Du am liebsten geben möchtest, ist der Zeitpunkt verfrüht groß zu denken. Wenn Du auf Grund von Kindheitsprägungen verlernt hast zu fühlen, was Dir wirklich wichtig ist, können wir allenfalls durchschnittlich gut werden in unserem Job. Glücklich ist etwas anderes! Das wurde mir vor einigen Jahren bewusst. Obwohl ich sehr skeptisch war, ob ich überhaupt hypnotisierbar bin, hatte ich mir eine Hypnose-Sitzung gegönnt. Im Nachhinein war ich sehr verblüfft. Es kamen ganz komische Bilder und Passagen aus meiner Kindheit zum Vorschein, die mir deutlich machten, dass für wirklichen Erfolg im Leben nicht nur Marketingstrategien wichtig sind. Mir wurde klar, es geht in erster Linie um unsere Muster und Glaubenssätze. Mir wurde bewusst, dass ich manche Dinge grundsätzlich aus Angst immer wieder vermeide. Nach dem Hypnose-Erlebnis nahm ich wieder Kontakt zu meinen Eltern auf. Das tat gut. Ich hatte sie acht Jahre nicht gesehen, den Kontakt gänzlich abgebrochen.

Dann sollte es so kommen, dass ich eine Diplom-Psychologin als Lebenspartnerin in mein Leben zog. Sie hat mir in wunderbarer Weise in vielen Dingen die Augen geöffnet und mich zum Schreiben dieses Buches inspiriert.

Deshalb widme ich Dir, liebe Knarik, dieses Buch und sage Danke!

Trotz Erziehung erfolgreich

Ja, ich gebe zu, der Titel des Buches klingt provokant. Wo kämen wir denn da hin, wenn es keine Erziehung mehr gäbe! Es hagelte etliche empörte Kommentare, als ich einen Beitrag auf Facebook postete: „Kinder brauchen keine Erziehung sondern Orientierung und Vorbildwirkung". Natürlich brauchen Kinder liebevolle Erziehung und selbstverständlich auch Regeln. Ohne Regeln wäre ein Miteinander kaum denkbar. Auch Gesetze sind notwendig um Unrecht zu vermeiden. Gesetze sind ständig im Wandel. Sie werden auf Aktualität geprüft, angepasst und ergänzt. Ich will mit diesem Buch ganz bewusst alte Erziehungs-Regeln auf den Prüfstand stellen. Was war wirklich sinnvoll und was wurde nur Erziehung genannt? Welche aufgestellten Regeln haben wir als wahr akzeptiert, obwohl sie uns nur bremsen? Wie oft wurde an uns herumgezogen und gezerrt? „Sei schön brav", „lass das", „mach dies nicht", „lass das sein".

Häufig handelte es sich hierbei nicht um sinnvolle Erziehung und sinnvolles Setzen von Grenzen, sondern um Machtspielchen zwischen Eltern und Kindern.

In fast jedem Erfolgsbuch steht, Du sollst Deine Gedanken kontrollieren lernen. Du kannst Deine Ziele nicht erreichen, wenn die tausenden Selbstgespräche, die Du täglich führst, mit diesem Ziel nicht übereinstimmen. Was aber, wenn wir gar nicht wahrnehmen, was wir für Selbstgespräche führen, die uns innerlich zerreißen? Es ist ja unheimlich anstrengend, jede Minute darauf zu achten, was wir da gerade denken! Was mache ich, wenn es mir generell schwierig erscheint, Ziele überhaupt zu finden? Ganz zu schweigen von einem Lebenssinn!

Es gibt zwei Nachrichten. Eine gute und eine schlechte. Zuerst die schlechte: Die Tausenden negativen Selbstgespräche, basieren auf sehr tiefsitzenden Regeln, die wir als Kinder als Wahrheit akzeptiert hatten. Sie sind zu unserer Persönlichkeit geworden. Wenn wir diese Regeln und tief verankerten Glaubenssätze nicht aufstöbern und auf Aktualität überprüfen, haben wir weiterhin das Gefühl mit angezogener Handbremse durchs Leben zu laufen. Wir finden und erreichen unsere wahren Ziele nur schwer.

Die gute Nachricht ist, dass Du hier so viele Beispiele bekommst, in denen Du Dich wiedererkennen wirst. Ich werde die Hauptbremser entlarven und gemeinsam mit

Dir in Energie bringende Regeln umwandeln. Du wirst froh darüber sein, wie viele Macken ich habe, beziehungsweise hatte. Das wird Dir Beispiel sein. Manche Menschen behaupten sogar: „Ich bin froh darüber, dass ich so streng erzogen wurde, es hat mir nichts geschadet". Oh doch! Wir merken es nur nicht sofort. Als Positiv-Denker finden wir es toll, uns unterordnen zu können. Die Kehrseite der Medaille, dass wir lange Zeit unsere eigenen Bedürfnisse hinten anstellen, blenden wir dabei aus. Bis wir explodieren. Alles hinschmeißen. Krank werden. Solange unsere Wünsche nicht mit den Regeln übereinstimmen, die wir anerzogen bekommen haben, quälen wir uns ziemlich ab. Wir gehen einen Schritt voran und zwei Schritte zurück.

Wenn **Erfolg** im Beruf für uns sehr wichtig ist, wir aber Angst vor Ablehnung haben, wird's schwierig! Je erfolgreicher Du wirst, desto mehr Ablehnung wirst Du akzeptieren müssen. Je größer Dein Bekanntheitsgrad, desto mehr Neider wird es geben. Dein Umfeld fühlt sich klein, im Verhältnis zu Dir, und wird deshalb nicht nur Gutes äußern.

Wenn für Dich **Freiheit** einer der höchsten Werte ist, Du aber tiefe Schuldgefühle in Dir trägst, wird es Dir schwerfallen, Deinen Heimatort zu verlassen. Du glaubst, dass Du es Deinen Eltern nicht antun kannst, in die große weite Welt zu ziehen.

Einen **Sicherheitsdenker** wirst Du schwer von Abenteuern begeistern können. Also sind möglicherweise auch Beziehungsprobleme vorprogrammiert. Wir können auf der anderen Seite aber auch mehr Verständnis für den Partner entwickeln, wenn wir mehr Licht in das bringen, was Erziehung aus uns gemacht hat. Unser Gefühl, ob das Leben leicht oder schwer ist, wird durch Glaubenssätze stark beeinflusst. Ändern wir Glaubenssätze, gibt es sofort andere Entscheidungen. Wir werden auf Ungerechtigkeiten gelassener reagieren. Lasst uns die Ärmel hochkrempeln und überprüfen, ob unsere Werte mit unseren Erziehungsregeln übereinstimmen! Es lohnt sich!

Hier eine Übung Teil 1 und Teil 2, um Deine Glaubenssätze zu identifizieren. Nimm Dir ca. 30 Minuten Zeit.

Übung Teil 1: Was bremst?

In welchen Situationen habe ich das Gefühl, mich selbst zu bremsen?

Vor welchen Aufgaben drücke ich mich immer und immer wieder?

Wo stoße ich bezüglich meiner Arbeit extrem an meine Grenzen?

Was hat mich bisher in meiner Arbeit am meisten genervt?

Übung Teil 2: Negative Glaubenssätze

Welche Glaubenssätze kommen Dir bekannt vor? Bitte kreuze sie an:

- O   Kenn` ich schon
- O   Ich kann schwer „nein" sagen
- O   Männer/Frauen sind alle gleich
- O   Das kann ich nicht
- O   Ich mach das lieber selber
- O   Wenn man erfolgreich sein will, dann geht das nur mit   einem 12-14 Stunden Arbeitstag
- O   Ich kann nicht sparen, ich will jetzt leben
- O   Sei schön bescheiden
- O   Ich bin halt manchmal eifersüchtig
- O   Ich weiß nicht, was ich will
- O   Das heißt nicht „ich will", sondern „ich möchte bitte"
- O   Geben ist seliger als Nehmen

- O Ich bin einfach zu faul
- O Es gibt wichtigeres als Geld
- O Geld allein macht auch nicht glücklich
- O Man muss doch realistisch sein
- O Ich habe das Gefühl, mir immer den kompliziertesten Weg auszusuchen
- O Wenn jemand „Nein" sagt, fühle ich mich schlecht
- O Ich glaube, ich bin nicht für eine Beziehung geeignet
- O Mein Partner sollte sich mehr um mich kümmern
- O Die Menschen sind ja so dumm
- O Das können wir uns nicht leisten
- O Ich kann jetzt nichts ändern, ich muss doch meine Familie ernähren
- O Schuster, bleib bei Deinen Leisten
- O Ich bin ein Sicherheitsdenker

- O Ich kann nur unter Druck gute Leistungen vollbringen
- O Ich habe das Gefühl, dass meine Arbeit nicht anerkannt wird
- O Man muss sich durchbeißen
- O Ich kann schwer Hilfe annehmen, ohne diese sofort mit einer Gegenleistung bezahlen zu wollen
- O Ich fühle mich schuldig
- O Nur wenn ich Leistung erbringe, bin ich liebenswert
- O Ich muss gar nichts
- O Das Leben ist kein Zuckerschlecken
- O Wenn ich Fehler mache, muss ich mich selber bestrafen.
- O Das muss man sich hart erarbeiten
- O Ich bin noch nicht gut genug
- O Keiner sieht, wie ich mich abrackere

- O Das können Andere besser
- O Da haben sich Andere schon lange vor uns den Kopf drüber zerbrochen
- O Das ist mir zu schwer
- O Das gehört sich nicht
- O Erst denkt man an die anderen und dann an sich
- O Da bin ich machtlos
- O Das traue ich mich nicht
- O Ich hab das Gefühl, die nutzen mich nur aus
- O Erst die Arbeit, dann das Vergnügen
- O Ich bin nicht sehr kreativ
- O Von nix kommt nix
- O Es ist ja heute nicht mehr so einfach, gute Leute zu finden
- O Ich bin halt Perfektionist
- O Lieber, den Spatz in der Hand, als die Taube auf dem Dach

- O   Ich kann halt nicht gut planen
- O   Wer viel Geld hat, kann sich nicht mehr an Kleinigkeiten erfreuen
- O   Was nutzt der größte Reichtum, wenn Du krank bist
- O   Das ist peinlich, ich will mich doch nicht blamieren
- O   Wenn Du mal über 50 bist, nimmt Dich keiner mehr
- O   Ich kann schwer Ordnung halten
- O   Der reißt mir den Kopf ab, wenn ich das nicht schaffe
- O   Ich möchte niemandem zur Last fallen
- O   Ich muss alles unter Kontrolle haben
- O   Wenn ich meine ehrliche Meinung sage, schmeißt mein Chef mich raus
- O   Ich kann den Menschen ja nicht im Stich lassen
- O   Ich habe keine Zeit

- O   Ich habe dem schon 100 Vorschläge gemacht, aber der hört einfach nicht auf mich

- O   In manchen Branchen lässt sich nun mal kein Geld verdienen

- O   Sei zufrieden mit dem, was Du hast

- O   Vertrauen ist gut, Kontrolle ist besser

- O   Sei brav, der liebe Gott sieht alles

- O   Ich habe das Gefühl das Pech verfolgt mich

- O   Man muss ja froh sein, dass man einen Arbeitsplatz hat

Hast Du mehr als 3 Glaubenssätze gefunden, die eventuell noch in Dir wirken könnten?

Wir werden später jeden einzelnen unter die Lupe nehmen und auflösen.

Anhand vieler Praxisbeispiele möchte ich Dir Mut machen und Dir aufzeigen, dass es sich lohnt, die eigenen, selbst sabotierenden Glaubenssätze zu erkennen und umzuwandeln.

Egal, ob Du selbständig bist oder angestellt, es ist erstaunlich, welchen Energieschub es gibt, wenn Du erkennst, was Dich ausbremst.

Energie ist die Basis für jeden Fortschritt.

Energie und Glück stehen in Wechselwirkung zueinander.

Energie ist die Basis für die Entwicklung guter Ideen.

Energie ist wichtig, um gesund zu bleiben.

Wie reden wir mit uns?

„Oh Mann. Schon wieder vergessen! Ich glaube ich werde alt. Habe ich Alzheimer oder was? Das kann nicht wahr sein, ich bin aber auch ein Blödmann!"

Kennst Du das? Wenn das ein Freund zu uns sagen würde, wären wir sauer, aber wenn wir uns selbst so kritisieren, nehmen wir es in der Regel nicht mal wahr! „Ich kann mich einfach nicht konzentrieren!" „Ich verzettele mich ständig!" Negative Suggestionen solcher

Art können uns das Leben ganz schön schwer machen, weil sie zur selbsterfüllenden Prophezeiung werden.

Mein Buch soll dazu beitragen, dass wir künftig Stoppschilder sehen, wenn wir mal wieder so etwas Unmögliches zu uns sagen.

Wie reden wir über Andere?

„Der hat ein Leben! Naja, der hat bestimmt geerbt. Das geht ja sonst nicht mit rechten Dingen zu!"

„Der ist faul!" oder: „Die Frau möchte ich nicht geschenkt haben!" Was geht alles in unserem Kopf vor? Wie oft verurteilen wir andere?

Jede Verurteilung von uns oder anderen bremst uns. Verurteilung tut weder uns, noch Anderen gut.

„Wie der sein Geschäft führt, das kann ja nicht gut gehen!" Eigentlich geht uns das gar nichts an! Es ist doch sein Geschäft! Wir wurden möglicherweise selbst oft kritisiert und es fällt uns dadurch schwer, die Welt ausschließlich neugierig zu betrachten. Mal schauen, ob wir diesem Ideal ein Stück näher kommen!

Warum die Lupe mich so begeistert

Eine geniale Erfindung! Sie ist so schön einfach!

Sie ermöglicht uns Dinge **genauer** zu betrachten.

Die Welt ist leider sehr häufig von Oberflächlichkeit geprägt, aber in den Feinheiten liegt die Würze.

Wirkliche Freundschaften entstehen durch tiefgehendes, ehrliches Interesse. Firmen wachsen nur dann, wenn jede Kleinigkeit genauestens durchdacht ist und nichts dem Zufall überlassen wird. Gute Methoden entstehen durch die Suche nach den winzigen Faktoren, die für den Erfolg von Bedeutung sind.

Diese Freude, die Lupe in die Hand zu nehmen, um zu erkennen, welche Kleinigkeit es ermöglicht, dass Erwachsene in einer Stunde schwimmen lernen können, war die Grundlage für meinen Erfolg.

Dieser Lupenblick war die Grundlage für eine besondere Bilder-Methode, die schon mehr als 10000 Kindern das „Schwimmen lernen" in extrem kurzer Zeit ermöglicht hat.

Ich habe schon sehr frühzeitig Menschen kennengelernt, die außergewöhnlich erfolgreich waren. Sie haben durchweg auf mich einen sehr ausgeglichenen Eindruck gemacht.

Die, die ich kennengelernt habe, hatten eines gemeinsam: Sie können sich **konzentrieren**.

So wollte ich auch sein. Ich war wie besessen davon, Erfolgsbücher zu lesen. Das Problem daran war, dass ich zeitweise in großen Frust abrutschte, weil ich mich zu sehr mit anderen Menschen verglich.

Wir sollten uns auf unsere eigene Entwicklung konzentrieren. Sonst versuchen wir Techniken und Strategien zu übernehmen, die gar nicht zu uns passen.

Ich war zum Beispiel der Ansicht, jedes Geschäft lässt sich mittels eines Franchisekonzepts größer machen. Das war ein Irrtum. Wir können genauer hinschauen, was zu uns passt, wieviel wir bereit sind zu geben und was der Markt will, als blind irgendwelche Konzepte zu übernehmen.

Bücher, die mir zu esoterisch erschienen, habe ich vorverurteilt und gar nicht erst gelesen. „Kenne ich schon, diese Brüder!" Allzu schnell assoziieren wir diese Branche mit solchen Menschen, die in Laken umhüllt einen Baum anbeten, um dessen Energie zu empfangen. Es gibt ja tatsächlich auch extreme Lager wie Engelanbeter oder Lichtarbeiter. Darum geht es hier nicht. In meinem Buch geht es um nichts Mystisches. Unter der Lupe betrachtet, heißt „finde Deine Mitte" genau das, wonach ich mich so sehr gesehnt habe, nämlich ausgeglichen und glücklich zu sein. Finde Deine Mitte heißt hier: Finde Deine wahren Werte, vergleiche sie mit Deinen Glaubenssätzen und wenn da etwas nicht stimmig ist, dann verändere die Glaubenssätze.

Die Lupe in die Hand zu nehmen, heißt nicht penibel zu sein und jedes Wort (unserer Erzieher) auf die Goldwaage zu legen.

Es kann passieren, dass Du beim Lesen feststellst, dass Du den falschen Beruf gewählt hast. Aus eigener Erfahrung weiß ich, dass das kein Drama ist. Die Energie, die ich bekommen habe, als ich begann dieses Buch zu schreiben, weil ich nach 16 Jahren gefühlt hatte, dass es an der Zeit ist, außerhalb des Wassers als Trainer tätig sein zu wollen, ist riesig. Es passierten Schlag auf Schlag positive Ereignisse, mit denen ich nie gerechnet hätte. Das wird Dir auch passieren, wenn Du Dein „Ding" gefunden hast.

Es lohnt sich, noch mal ganz neu zu beginnen. Wenn Du herausselektiert hast, was Deine wichtigsten Werte sind, (www.werte-cards.de) und wenn du auch Deine Talente ganz genau kennst, dann findest Du einen Weg diese Talente und Neigungen sinnvoll dort einzusetzen, wo Menschen Dein Talent brauchen. Du fängst nie bei „Null" an, denn Du nimmst Deine Erfahrungen immer mit. In rasanter Geschwindigkeit passieren dann positive Fügungen. Der Energieschub, den Du in dieser neuen Phase erlebst ist enorm. Er lässt die Angst vor Veränderung sehr schnell schwinden. Ich war selber so verblüfft, dass ich morgens freiwillig zwei Stunden eher aufstehe und es gar nicht erwarten konnte, die Ideen umzusetzen, die plötzlich zu Hauf kamen. Nach der Entscheidung, die Schwimmschule zu delegieren, war sogar das Gegenteil von dem der Fall, was ich vorher jahrelang befürchtete. Ich dachte, dann geht alles den Bach runter und wenn der neue Weg nicht klappt, sind 16 Jahre Aufbauarbeit zerstört. Seltsamerweise kamen sogar mehr Kundenanfragen als bisher, obwohl ich die Werbung relativ vernachlässigte. Also konnte ich mich voll auf meinen neuen Weg konzentrieren. Im Laufe des Buches komme ich noch auf die Beispiele zu sprechen, welche wunderbaren Zufälle sich schon im ersten Jahr nach dieser Entscheidung ergeben haben. Also: Keine Angst vor Veränderung! Du kannst nicht vom Boden fallen. Das Schlimmste, was uns in unserem Land passieren kann, ist Geld vom Staat zu bekommen!

Steve Jobs hielt im Juni 2005 seine wahrscheinlich berühmteste Rede auf der Abschlussfeier der Stanford University im kalifornischen Palo Alto. Dort sagte er sinngemäß: „...nicht sehr viel später, werdet Ihr zu denjenigen gehören, die bald weggeräumt werden, also tut jeden Tag das, was ihr liebt!"

Quelle: https://www.youtube.com/watch?v=b1ozBKH4KKQ

Wenn man den Zukunftsforschern Glauben schenkt, wird in den nächsten 20 Jahren eine große Welle der Arbeitslosigkeit auf uns zurollen. Die Automobil-Industrie verändert sich extrem. Der Einzelhandel hat schon jetzt stark zu kämpfen. Höchste Zeit sich mit den Werten, Talenten und Glaubenssätzen zu beschäftigen um sich eventuell auch auf eigene Füße zu stellen. Probleme, die es zu lösen gibt, sind massenhaft vorhanden! Wenn Du Dein „Ding" gefunden hast, wofür Du brennst, wird es auch viel leichter, alte Glaubenssätze über Bord zu werfen. Als ich die „Werte-Cards" und die „Talente-Cards" entwickelt hatte, viel es mir plötzlich ganz leicht, Freunde, Bekannte und Institutionen anzurufen und um Unterstützung zu bitten. Früher hatte ich Telefonate gern gemieden, aus Angst "Neins" zu bekommen. Jetzt, da ich fühlte, dass diese Sache extrem wertvoll für viele Menschen ist, war es mir egal, ob jemand Ablehnung äußert.

Jetzt aber zu den Glaubensmustern, die es sich lohnt zu erkennen. Die Beispiele, die ich hier nenne, standen mir sehr im Weg und ich bin froh, dass ich manche großen Steine wegräumen konnte. Manche Bremsen sind teilweise immer noch aktiv. Der Vorteil ist, mir wird es jetzt auf Grund der intensiven Auseinandersetzung mit diesen Prägungen sofort bewusst. Nur so kann man etwas ändern. Einiges wird Dir absurd oder abwegig vorkommen. Dann ist es offensichtlich nicht in Dir aktiv.

Wunderbar erleichternde Aha-Effekte stellen sich auf der anderen Seite ein, wenn Du feststellst, „ja, so habe ich früher auch gedacht". Ich freue mich, dass Du offen dafür bist und wünsche Dir viele solcher Aha-Effekte.

Nehmen wir die Lupe direkt mal in die Hand!

Welche Funktion sollte Erziehung haben?

Mal angenommen, Du willst dass Dein Kind glücklich wird. Nur mal angenommen. Wollen wir das? Wollen wir das wirklich mit aller Konsequenz? Stell Dir vor, Du sitzt am Frühstückstisch. Im Bademantel. Hast Kerzen angezündet, selbstgemachte Marmelade, Kaffeeduft. Dein Sohn kommt dazu und verkündet Dir, er will Müllfahrer werden. Er liebt es an der frischen Luft zu sein und findet es interessant, was die Leute alles wegschmeißen. Er findet es toll auf der Stoßstange eines Autos mitzufahren, dann fühlt er sich wie „Batman". Wo darf man heute schon noch an der Stoßstange hängen? Wenn Du das bei Deiner Freundin am Auto machst, bekommst Du sicher Ärger. Frage: Schmeckt Dir die Semmel noch? Schmeckt Dir die selbergemachte Marmelade noch? Du sagst Dir vielleicht, „ich bin mir nicht so sicher, ob er zeitlebens damit glücklich sein wird, wenn er sein Leben lang am Müllauto hängt". Frische Luft hin und her. In dem Moment denkst Du vielleicht: „hab ich schon geduscht?" oder machst Du zusammen mit Deinem Sohn ein „Selfie" an der Mülltonne und postest es bei all Deinen Freunden? Er wäre glücklich. Er würde sich verstanden fühlen. Er würde zu Dir zurückkommen und Dich um Rat fragen, falls es ihm eines Tages doch zu kalt auf der Stoßstange wird. Du hättest mit diesem „Selfie" ihm die wichtigsten Werte mit auf den Weg gegeben. Ehrlichkeit und Vertrauen.

Eigentlich wollen wir alle, dass unsere Kinder zu selbstbewussten Personen oder gar Persönlichkeiten heranwachsen, die in der Lage sind selbständig zu denken und zu handeln. Wir wollen sie dafür ausstatten mit positiven Charaktereigenschaften, wie Pünktlichkeit, Zuverlässigkeit, Selbstwertgefühl, Kreativität und Ehrlichkeit. Erziehung dient natürlich auch dem Schutz vor lebensbedrohlichen Gefahren. Nächstenliebe, Achtsamkeit und die Freude am lebenslangen Lernen wären wünschenswerte Ziele der Erziehung. Die natürliche Neugierde der Kinder möglichst lange aufrecht zu erhalten und nicht zu unterdrücken gehört genauso dazu.

Alles, was nicht in diese Kategorien einzuordnen ist, hat eher mit Dressur, Bevormundung, Machtspielchen oder Gewalt zu tun und erzeugt Kleinheitsgefühle, Minderwertigkeit und Ohnmacht.

Jeder weiß eigentlich, dass Vorbildwirkung und Liebe die einzig sinnvollen Methoden für gute Erziehung sind. Die Praxis zeigt leider häufig, dass eher an den Kindern gezogen und gebogen wird, um sie zum Funktionieren zu bringen.

Es ist schwerlich möglich in der Erziehung alles richtig zu machen. Fehler einzugestehen und sich auf Augenhöhe beim Kind für gemachte Fehler zu entschuldigen ist wichtig. Das zeigt Stärke und erzeugt beim Kind das Gefühl „Du bist wertvoll und wichtig" oder „Ich stehe nicht über dir, ich kann Fehler eingestehen – du kannst es auch!"

Je eher wir nicht förderliche Muster bei unseren Kindern erkennen, desto besser. Ein gelegentliches „Das kann ich nicht" ist ganz normal. Ich habe jedoch Kinder erlebt, die grundsätzlich nach jeder neuen Aufgabenstellung sagen:

„Das kann ich nicht". Das deutet darauf hin, dass das Kind an häufiger Überforderung leidet. Wir setzen als Eltern unsere Erwartungen an die Kinder einfach viel zu hoch.

Eltern wollen immer die bestmögliche Förderung für ihr Kind. Deshalb neigen wir manchmal dazu, ihm möglichst viele Frühförderungsangebote angedeihen zu lassen.

Dabei vergessen wir oft, dass jede neu zu erlernende Fähigkeit an ein optimales biologisches Alter gebunden ist. Wir erzeugen ansonsten zu viele Misserfolgserlebnisse. Es ist zwar möglich, aber nicht erforderlich, dass ein Kind schon mit drei Jahren Klavier spielen lernt. Es muss auch nicht unbedingt mit vier Jahren schon vor allen anderen Kindern schwimmen können oder lesen oder schreiben.

Es ist eine Kunst und setzt Geduld voraus, auf den Zeitpunkt warten zu können, bis das Kind die Eigenmotivation entwickelt, dass es förmlich danach lechzt, etwas unbedingt lernen zu wollen.

Wer größere Kinder hat, weiß, dass der Leistungsdruck spätestens in der Schule sowieso viel zu früh einsetzt.

Wenn uns das Wohl unserer Kinder wirklich am Herzen liegt, ist es wichtig, sein eigenes Ego hinten anstellen zu können und nach Möglichkeit eher später als zu früh mit der Einschulung zu beginnen.

Ein Jahr biologische Reifung, ein Jahr mehr spielen können, macht sich enorm bemerkbar bezüglich seiner Stabilität und Widerstandsfähigkeit.

Wir müssen nicht jeden Trend akzeptieren und sind mündig genug, Überforderungen Einhalt zu gebieten. Zumindest hat sich das Prinzip der Unterforderung, als Mittel der Förderung der Eigenmotivation, in meiner Schwimmschule bestens bewährt.

Ich habe noch nie erlebt, dass Freude durch Überforderung entstand. Kinder wachsen an Lob. Loben können wir das, was gelingt. Gelingen kann etwas nur dann, wenn notwendige Teilschritte gefestigt sind.

Kinder würden manche Teilschritte ohne Lob nicht erlernen. Für manche Kinder ist zum Beispiel das Tauchen sehr unangenehm, weil die Augen brennen könnten.

Sie erkennen nicht auf den ersten Blick, warum Tauchen als Teilschritt, um schwimmen zu erlernen, notwendig sein soll. „Ich will doch schwimmen lernen und nicht tauchen". Wenn wir nicht loben würden, würden sie anfänglich Unangenehmes nicht wiederholen.

Wenn ich jedoch die ersten Tauchversuche sofort mit kräftigem Lob bestärke und zusätzlich mit Gummibärchen belohne, lässt sich ein Aufgeben wollen vermeiden und sehr leicht in Freude verwandeln.

Die Orientierung am schwächsten Glied einer Gruppe, war eine der wichtigsten Strategien für meinen Erfolg. Kein Kind ist zu dumm, etwas nicht lernen zu können. Leider wird oft viel zu früh selektiert. Mir ist bewusst, dass mehr Geduld in unserem derzeitigen Schulsystem mit teilweise über 30 Kindern nicht praktizierbar ist beziehungsweise es an entsprechender Struktur und Organisation hapert.

Es wird mir kein Lehrer erzählen, dass es Freude oder Sinn macht, schlechte Noten zu verteilen. Viele junge Lehrer gehen mit Enthusiasmus in diesen Beruf. Sie sehen Sinn darin, Kindern das Lernen leicht zu machen und Freude am Lernen zu vermitteln. Bei vielen

Pädagogen schwindet diese Freude, weil die Strukturen in unserem Schulsystem völlig konträr dazu sind, wie das menschliche Gehirn in Wirklichkeit am besten lernen kann. Ein auf Fehlersuche orientiertes Schulsystem muss unweigerlich bei vielen Schülern zu einer ablehnenden Haltung der Schule und dem Lernen gegenüber führen. Der eigentliche Sinn, Kinder stark und kreativ zu machen und die Freude am lebenslangen Lernen zu wecken, geht mit ständiger Bewertung verloren.

Notengebung, also Selektierung in gut oder schlecht ist völlig überflüssig. **Schweden** zeigt uns eindrucksvoll, dass ein Modell ohne Noten sehr gut funktionieren kann. Alle Schüler bleiben dort von der 1. bis zur 10. Klasse in einer Schule. Bis zur 8. Klasse gibt es keine einzige Note. Schweden ist in der Pisa-Studie eines der bestabschneidenden Länder.

Die Schüler dürfen montags den Lehrplan für die Woche gemeinsam festlegen. Das nenne ich eine Atmosphäre, die Eigenmotivation schafft. Neun von zehn Schülern erreichen in Schweden das Abitur!

Wollen das unsere Politiker nicht sehen? Der Gehirnforscher Gerald Hüther (http://www.gerald-huether.de/populaer/ueber-gerald-huether/wofuer-ich-arbeite/) hat einen Großteil seines Lebens damit verbracht, Vorträge zu halten und Projekte in Schulen zu initiieren, um zu zeigen, wie Schule und Lernen gut funktionieren kann.

Aus meiner Sicht ist eine gewisse Resignation auch bei ihm zu spüren, weil sich bisher von dieser Grundstruktur in unserem Schulsystem bundesweit leider nichts grundlegend geändert hat.

Ich hoffe sehr, dass viele Menschen dazu beitragen werden, dass sich hier in Zukunft doch etwas ändern wird.

Wir brauchen als Eltern nicht alles zu akzeptieren, nur weil die Umstände in manchen Schulen so katastrophal sind. Es ist nicht normal, dass in den letzten Jahren Kinder vermehrt psychologische Betreuung und Nachhilfe in Anspruch nehmen müssen. Wie lange wollen wir mit Veränderungen noch warten, wenn wir doch wissen, dass ein direkter Zusammenhang zwischen Fehlern im Schulsystem und der hohen Rate von sogenannten Zivilisationskrankheiten wie Burn-out, Depressionen, und Herz Kreislauf Erkrankungen existiert? Die Aufgabe der Schule ist es, Grundlagen zu legen und nicht zu zeigen, dass das Leben hart und stressig ist. Was ist mit den Kindern, die mehr Zeit brauchen? Sollen die zerbrechen? Lob, Freude und Anerkennung sind die Nahrung für Eigenmotivation. Das macht unsere Kinder stark. Lob erzeugt Sog. Druck erzeugt blaue Flecken.

Illustration: Oliver Eger

Storys zu negativen Glaubenssätzen und mögliche Ursachen

Das Schlüsselerlebnis: „Ich muss brav sein!"

Es war Juni 2014. Ich hatte mich für einen Klavierunterricht bei der städtischen Musikschule angemeldet. Nach den ersten Unterrichtsstunden hatte ich festgestellt, dass der Lehrer nicht gerade meine Wellenlänge ist. Er war sehr penibel, hat wenig gelobt und kannte die Popsongs nicht, die ich hätte gern erarbeiten wollen. Der Zufall wollte es, dass ich einen anderen Vollblut-Musiker traf, der viel besser zu mir passte. Also entschied ich mich, auch bei ihm Unterricht zu nehmen.

Als ich das meiner Lebensgefährtin erzählte, fragte sie: „Willst Du wieder brav sein? Warum meldest Du Dich bei der Musikschule nicht wieder ab?"

Ich: „Naja, ich hab doch den Vertrag schon unterschrieben!"

Sie: „Das Jahr hat doch noch gar nicht begonnen! Geh hin und frage einfach, ob Du aus dem Vertrag wieder rauskommst!"

Stimmt eigentlich. Ohne sie wäre ich nie auf die Idee gekommen zu fragen. Ich überwand meine Bedenken, was die wohl von mir denken könnten und ging ins Sekretariat. Die Angestellte dort stellte nicht einmal die Frage nach dem Warum. Sie nahm meinen Antrag aus dem Regal, zerriss ihn und sagte „Kein Problem! Ich habe ihn sowieso noch nicht bearbeitet." 1000 Euro gespart und ein Jahr Frust! Danke für das Augenöffnen! Wir gehen feiern! Zeit fürs Erwachsenwerden! Ich bin jetzt 52!

„Kenn´ ich schon!"

Ist es möglich, dass sich Alles ständig verändert? Ist es möglich, dass der Ausspruch „Kenn´ ich schon" jede Neugier im Keim erstickt? Kinder sind neugierig. Sie können uns mit dem einfachen Wörtchen „warum" zur Weißglut bringen. Irgendwann unterbinden wir dieses „Warum" und sagen vielleicht „Stell´ keine blöden Fragen!" oder „Frag nicht so viel!" Wir meinen in Wirklichkeit „Ich fühle mich gerade überfordert, oder gestresst und möchte mich gern ein wenig entspannen!" „Es ist toll, dass Du Fragen stellst! „Es ist schön, dass Dich das interessiert." „Ich will jetzt gern 20 Minuten Ruhe für mich und dann kannst Du gern weiter fragen." Vielleicht fühlen wir uns als Erwachsener ja auch deshalb gestresst, weil wir mehrere Fragen der Kinder nicht beantworten können.

Wir würgen eher den Drang Fragen zu stellen ab, als dass wir uns die Mühe machen gemeinsam nach Lösungen und Antworten zu google`n.

Wenn wir also allzu häufig behaupten „Kenn´ ich schon, weiß ich schon" muss es etwas damit zu tun haben, dass irgendjemand uns die natürliche Neugierde auf das Gründlichste vermiest hat, oder unser Umfeld selber sehr träge gewesen sein muss und nicht gerade Vorbildwirkung gezeigt hat.

Das ist nicht tragisch, sondern sehr motivierend, wenn wir feststellen, dass das nur ein Irrtum war. Wir können vielleicht einen Teil schon mal gehört haben, aber auf die Frage „Gibt es da neue Ansichten oder einen besseren Weg?" wird es immer Neues zu erfahren geben oder Neues entstehen können.

Jeder kleinste Gedankengang, den ein anderer Mensch äußert, kann uns im selben Augenblick auf neue Ideen bringen. So manche gute Erfindung ist durch die Frage "Gibt es da nicht einen besseren Weg? " entstanden.

Neugierig zu bleiben schützt vor Besserwisserei, Sturköpfigkeit, Starrheit, Resignation und Depression.

Neugierde treibt uns an und gibt uns Energie. Neugierde schützt nicht nur vor Verkalkung unseres Gehirns, sondern schafft immer neue Querverbindungen.

Wenn wir neugierig bleiben, fördert das auch die Kontaktaufnahme zu anderen Menschen. Die Erfahrung hat gezeigt, dass alle Herausforderungen in der Gemeinschaft viel leichter gemeistert werden können, als allein. Manchmal dachte ich aus Überheblichkeit, „was soll *Der* mir schon Neues erzählen können". Überheblichkeit ist kein guter Ratgeber. Oft führen die einfachsten Ideen zu genialen Lösungen.

Tipp: Bei mir liegt ein kleiner hellblauer Stein auf dem Schreibtisch. Der soll mich täglich dran erinnern, dass ich neugierig bleiben will. Welcher Gedanke fühlt sich besser an? „Ich bin halt ein Sturkopf" oder „Ich bin flexibel und neugierig"?

„Ich kann schwer Nein sagen!"

Ich erinnere mich an eine Situation, in der ich sehr leicht „Nein" sagen konnte: Eine Mutter hatte am 3. Tag immer noch nicht die Gebühr für den Schwimmkurs überwiesen. Ich sprach sie darauf an. „Ja, ich bringe das Geld morgen mit", sagte sie. Donnerstag hatte sie natürlich wieder kein Geld dabei und fragte, ob ich auch einen Scheck nehme. „Klar", sag ich, „kein Problem"! „Können Sie mir 30,- € rausgeben, ich habe den Scheck aus Versehen auf 150,- € ausgefüllt" sagte sie. Da viel es mir nicht schwer, „nein" zu sagen.

„Du machst das jetzt! Und keine Diskussion!" Warum? „Weil ich es gesagt habe! Keine Widerrede! Und beeil´ Dich!"

Wer kennt solche Befehle von Vater oder Mutter aus der Kindheit? „Ich will, dass Du gehorchen lernst. Dass Du Dich unterordnen kannst! Das braucht man im Leben!" Vielleicht ist es tatsächlich ganz nützlich sich hin und wieder mal unterordnen zu können. Wenn die autoritären Erziehungsstile allerdings dazu geführt haben, dass wir in nahezu allen Situationen kuschen, nur um des lieben Friedens willen, stellen wir zu oft unsere eigenen Wünsche hintenan.

Das hat dann nichts mehr mit Ehrlichkeit und Eigenständigkeit zu tun. Die Folge der permanenten Unterdrückung seiner eigenen Bedürfnisse ist, dass wir irgendwann, wenn das Fass überläuft, alles hinschmeißen oder explodieren. So geschehen in meiner ersten Ehe. Ich habe allzu oft „Ja, Schatz" gesagt, obwohl ich eigentlich „nein" sagen wollte. Der deutsche Musikkabarettist Bodo Wartke hat dazu ein wunderbar - satirisches Lied mit dem Titel „Ja Schatz" geschrieben:

„Ja Schatz, Du hast natürlich Recht,

ja Schatz, ich weiß das war schlecht,

ja Schatz, nein ich möchte keinen Streit,

ja Schatz, es tut mir schrecklich leid."

Dieses Lied hat mir die Augen geöffnet. Falls das auch Dein Thema ist, dieser Song dürfte eventuell noch auf Youtube vorhanden sein.

https://www.youtube.com/watch?v=6oeHy-nss88

Meine jetzige Lebenspartnerin legt keinen Wert auf solch unnatürlich angepasstes Verhalten und ich bin dankbar, wenn sie mich fragt „Willst Du wieder brav sein?"

Wie schaffe ich es „Nein" zu sagen, ohne dass mein Gegenüber beleidigt ist?

Es ist ein Irrglaube, dass das möglich ist.

Wenn der Andere das Muster in sich trägt, „Immer, wenn ich abgelehnt werde, fühle ich mich schlecht", dann ist das tatsächlich sein Problem, dass er auflösen darf, wenn er es denn erkennt und auflösen will. Mit Ehrlichkeit kann man deshalb nie etwas falsch machen.

„Dein Problem! Löse es auf!" ist dann allerdings keine liebevolle Art mit dem Betroffenen umzugehen. Erstens hat er vielleicht dieses Buch noch nicht gelesen, zweitens hat er das ja in den seltensten Fällen tatsächlich als sein Problem erkannt. Er schiebt es deshalb natürlich immer auf die Außenwelt.

Natürlich gibt es ein paar Strategien, wie man die sonst üblichen Reaktionen unseres Gegenübers eventuell ein wenig abschwächen könnte. Eine Garantie gibt es dafür allerdings nicht. Die Frage, „Dürfte ich auch ehrlich nein sagen?" wäre eine Variante. Ein „Nein" in der Macho-Variante wird natürlich eher auf Konfrontation stoßen, als ein ehrliches Ansprechen seiner eigenen Gefühle. „Ich fühle mich mit diesem Gedanken nicht so wohl, weil…" ist da schon die nettere Variante. Verständnis für die Interessen des Anderen, aber auch eine klare Setzung von Grenzen ist eine Möglichkeit, die in Deinem Einfluss liegt. Der hartgesottene Narzisst wird immer versuchen, dass Du ihm möglichst kein „Nein" gibst und wird versuchen Dir ein schlechtes Gewissen einzureden, wenn Du „nein" sagst. Die Kunst liegt darin, zu akzeptieren, dass der Andere beleidigt sein darf. Er darf auch versuchen Dir Schuldgefühle einzureden. Du warst ehrlich und dieser Gedanke, dass Du ehrlich Deine Meinung gesagt hast, sollte keine Schuldgefühle in Dir auslösen. Bleib bei dem Gedanken der Ehrlichkeit und lasse es nicht zu, dass Dein Gedanke abschweift.

„Dein Problem!" oder gibt es eine bessere Variante mit negativen Emotionen des Gegenübers umzugehen?

Was, wenn nach Deinem liebevollen, ehrlichen „Nein" tatsächlich trotzdem heftige Emotionen und Schuldzuweisungen auf Dich einprasseln?

„Dein Problem!" verhärtet die Fronten auf jeden Fall. Eine liebevolle Art auf solche Gefühlsausbrüche zu reagieren ist das genaue Benennen dieser Emotion.

„Ich spüre, Du bist jetzt mächtig sauer, wütend, traurig oder ängstlich…, (je nachdem, was Du wahrnimmst). Stimmt das?"

Wir zeigen damit Verständnis und gehen eben nicht auf Konfrontation.

Die Wahrscheinlichkeit ist größer, dass sich die Emotionen dann eher auflösen, als durch Kampf. Durch Härte kann keine negative Emotion aufgelöst werden. Jedes Gefühl will gehört und anerkannt werden, bevor es wieder gehen kann.

Verdrängen nutzt nichts, denn es würde wieder kommen oder sich angestaut später in Krankheiten äußern. Zeit heilt diesbezüglich also keine Wunden. Das sage ich deshalb, weil es ja auch Situationen gibt, wo der Partner einfach flüchtet, die Tür zuknallt und geht. Das ist okay und ich weiß aus eigener Erfahrung, dass es hier nichts nutzt, hinterherzulaufen oder heulend zu versuchen die Situation wieder geradezubiegen.

So lange die Emotion noch diese extreme Stärke hat, haben wir keine Chance dem ein Ende zu bereiten. Sie ist ja schon chemisch in Gang gesetzt.

Erst in einer anderen Gefühlslage ist es irgendwann später möglich, Missverständnisse aus dem Weg zu räumen, wenn man das will. Im Grunde sind heftige Emotionen ja oftmals ein Schrei nach Liebe und Anerkennung. Wenn Dir der Partner egal wäre, würden solche heftigen Reaktionen ja kaum auftreten.

„Männer sind alle gleich..."

...oder „Frauen sind alle Zicken". In einem Punkt ticken wir ziemlich ähnlich. Wir haben eine „Festplatte" im Kopf, die alle Vorerfahrungen abspeichert, ob gut oder schlecht. Leider greifen wir immer wieder auf diese Erfahrungen zurück und vergleichen diese mit den Ereignissen, die uns widerfahren.

Auf Grund dieser Vorerfahrungen bilden wir uns schnell eine Meinung, die mit der wirklichen Realität oft gar nichts zu tun hat. Wer hat in seiner Kindheit nur Lobeshymnen von seiner Mutter gehört: „Dein Vater ist ein toller Mann, ich hoffe Du wirst mal genauso wie er!? Er liest mir alle Wünsche von den Lippen ab, ich habe das Gefühl der absoluten Sicherheit, dass ich die Einzige bin, die er jemals lieben könnte.

Er ist immer so aufmerksam! Ich brauche nie etwas zu sagen, er sieht stets, was im Haushalt zu tun ist, kümmert sich mit viel Liebe um die Kinder und bringt eine Unmenge Geld mit nach Hause, obwohl er nur vier Stunden am Tag arbeitet. Er zeigt mir jeden Tag, dass er mich liebt, er ist hochintelligent, ein toller Tänzer und so witzig, er hätte Entertainer werden können. Er hat eine Unmenge an Freunden. Mit seinen Eltern hat er auch ein so herzliches Verhältnis und ich fühle mich in ihrer Gegenwart unglaublich wertgeschätzt. Er ist mein Traum-Mann und ich würde ihn am Liebsten jedes Jahr nochmal heiraten wollen. Er lässt mir meine Freiheit und durch ihn habe ich mich selbst toll entwickeln können. Einfach fantastisch!" Wären das unsere Vorerfahrungen, würden wir die Welt mit einer ganz anderen Brille betrachten. In dem Falle wäre es vielleicht sogar gut zu verallgemeinern. Wir wissen aber, dass das Leben uns alle Fassetten bietet und wir die Möglichkeit haben all diese Fassetten wertungsfrei lieben zu lernen. So lange wir bewerten, Vorurteile haben, am Partner rumerziehen wollen, fühlt sich das verkrampft an. Druck erzeugt immer Gegendruck und wir stoßen den Partner unweigerlich von uns weg.

„Liebe ist die stärkste Kraft im Universum, also lassen sich alle Dinge durch eine genügend große Portion an Liebe am Leichtesten umsetzen", hat Bodo Schaefer in seinem Buch „Der Weg zur finanziellen Freiheit" so treffend formuliert.

Da absolute Liebe schon etwas mit Erleuchtung zu tun hat und so ein Mensch mir noch nicht begegnet ist, spreche ich in diesem Buch mehr über den Begriff der „inneren Ausgeglichenheit".

Das fühlt sich entspannter an. Vor allem geht es hier um uns selbst, während, wenn wir von Liebe sprechen, wir diesen Begriff eher im Außen suchen.

Manche Menschen reagieren sogar auf das Wort Liebe ziemlich allergisch. Sie können es nicht ertragen, wenn der Partner das äußert oder per SMS schreibt, weil ihre Vorerfahrungen so viel Enttäuschungen an den Begriff Liebe geknüpft haben, dass selbst ein solches Wort Gefühle auslösen, die die gleichen sind wie: „Du lügst! - Alles hohles Geschwätz".

„Benimm Dich anständig!"

Was heißt das? Benimm Dich so, wie Dein Umfeld Dich sehen will? Wer nicht aneckt wird verschont? Ich habe mich ertappt, dass ich mich in manchen Situationen dermaßen angepasst verhalte, dass es schon wieder extrem lustig wird, weil so absurd.

Ein Beispiel: Ich war im Hotel in Frankfurt. Es war Samstag. Abreisetag. Ich trug vor 11 Uhr meinen Koffer zum Auto. Zwei Taschen hatte ich noch auf dem Zimmer gelassen. Die brauchte ich noch am Nachmittag für die Abschlussstunde des Schwimmkurses. Als ich vom Auto wieder ins Hotel kam, war die Putzfrau schon in meinem Zimmer und beide Taschen waren weg. Auf die Frage, wo meine Taschen sind, ging die Dame wortlos zu ihrem Servicewagen und zog meine guten Taschen aus ihrem blauen Müllsack! Auf der einen Seite sprachlos und doch erleichtert gab ich ihr zwei Euro Trinkgeld. Dann ging ich mit meinen Taschen zum Auto. Unten angekommen schlug ich mir mit der flachen Hand an den Kopf und dachte, wie blöd kann man eigentlich sein? Jeder andere hätte sich tierisch aufgeregt, was das soll. Die schmeißt deine guten Taschen in den Müllsack und Du gibst ihr auch noch Trinkgeld! Wie unnatürlich anständig ist das denn? Sie hatte sich nicht einmal entschuldigt! Wie oft hast Du schon Trinkgeld gegeben, weil es sich so gehört oder weil Du nett erscheinen wolltest, obwohl Du mit dem Service ganz und gar nicht zufrieden warst? In welchen anderen Situationen hast Du nicht ehrlich zu Deinem Gegenüber gesagt, „Das fand ich jetzt wirklich nicht gut!"?

Es ist die Angst, in den Augen der Anderen kein netter Mensch zu sein. Es ist aber nur eine Annahme, dass der Andere schlecht über uns denken könnte. In diesem Fall hätte die Frau sicher meine ehrliche Verwunderung verstanden und sich vielleicht noch entschuldigt. Ehrlichkeit kommt mit Sicherheit bei den Menschen besser an, als „Schleimerei".

„Ich bin noch nicht gut genug!"

Das Thema des ewigen Studenten! „Wenn ich diesen oder jenen Abschluss noch habe, dann fang ich an". „Ich muss noch mehr Lieder komponieren, dann kann ich mich der Öffentlichkeit präsentieren". Aus dem „Später" wird in den meisten Fällen „Nie"! Woher kommt diese Grundhaltung?

„Wer glaubst Du eigentlich, wer Du bist?" „Was bildest Du Dir eigentlich ein?" „Mach´ erst mal was aus Dir!"

All das impliziert, so wie Du jetzt bist, bist Du ein Niemand! Oftmals streben diese Menschen viele Jahre nach unerreichbaren Zielen, lechzend nach Anerkennung und der Liebe der Eltern und zerbrechen oft daran, weil diese Anerkennung nie kommt.

Dieses verkrampfte Streben nach Außergewöhnlichkeit hat meist großen Frust und Enttäuschung zur Folge. Das tägliche Tun sollte Freude bereiten. Alles andere bedeutet das Warten auf Erfüllung, die vielleicht nie eintrifft.

Gegen das Anstreben einer guten Qualität ist nichts einzuwenden. Unschön wird es nur dann, wenn der

Frust mit sich selbst auch noch auf Andere übertragen wird.

Wir haben gelernt, dass besonders in Deutschland Abschlüsse wichtig sind. „Mach´ wenigstens noch den Abschluss, dann kannst Du immer noch etwas anderes machen, was Dir mehr Spaß macht".

Wie fühlt sich das an? Leicht? Beiß´ Dich durch! Das ist Angstbehaftet! Lieber den Spatz in der Hand als gar keine Arbeit. Wer sich zwei oder drei Jahre durchquält, obwohl ihm der Job zuwider ist, was soll er in dieser Zeit lernen? Wie man seine Gefühle verleugnet?

Dass das Leben hart ist? Hier sehen wir wieder, wie wichtig es ist, „nein" sagen zu können, auch wenn wir die Reaktionen der Umwelt auf dieses „Nein" nicht voraussehen können.

Wie soll sich unser Selbstwertgefühl verbessern, wenn wir uns für die Erwartung eines Anderen auf Dauer verbiegen?

Es wird mit jedem Monat „durchbeißen" kleiner!

Die Wahrscheinlichkeit, dass sich das mangelnde Selbstbewusstsein auch im finanziellen Bereich negativ ausdrückt, ist dann schon vorprogrammiert.

Kann da etwas Wahres dran sein? Ich werde später noch ausführlich auf das Thema „Geld annehmen können" eingehen. Wer diesbezüglich Probleme hat, also weniger verdient, als er eigentlich zum Leben braucht, darf hinterfragen, ob es nicht sinnvoll wäre, damit aufzuhören, etwas unentgeltlich zu machen, wofür Andere Geld verlangen.

Arbeit ist Energie und Geld ist auch ein Mittel zum Austausch von Energie. So schlecht kann man nicht sein, für Arbeit gar nichts zu bekommen. Wenn es zu Anfang wenig ist – okay. Im Prozess des Besserwerdens nimm mehr, aber doch nicht gar nichts!

Du siehst dann an den steigenden Einnahmen, wie hoch Dein Selbstbewusstsein gestiegen ist. Nichts gegen ehrenamtliche Arbeit, aber nicht auf Kosten der eigenen Lebensqualität.

Den Samariter zu spielen, aber auf der anderen Seite zu jammern und zu leiden, macht auf Dauer keinen Sinn und möglicherweise auch krank.

„Das kann ich nicht"

„Dafür bist Du noch zu klein!" Die Eisenbahn hat mein Vater allein gebaut. Helfen durfte ich nicht dabei. Dafür durfte ich beim Zeltaufbauen helfen, was mich natürlich nicht sehr reizte und deshalb war eine schlechte Stimmung vorprogrammiert, weil ich in seinen Augen zu langsam und zu unaufmerksam war.

Ähnlich war es beim Faltbootaufbauen. Das, was mir wirklich Spaß gemacht hatte, war Luftgewehrschießen. Das hatte ich beim Onkel lernen dürfen. Fernsehen war verboten, außer Sandmännchen. Alle unterhielten sich über Filme und Serien und ich war immer Außenseiter, weil ich nicht mitreden konnte. Auch Skat spielen konnte ich nicht. Ich kann mich nicht erinnern, dass bei uns außer „Mensch ärgere dich nicht" irgendetwas zusammen gespielt wurde.

Das Geschirr durfte ich abtrocknen. Wenn ich geäußert hatte, dass ich nie wieder zum Schwimmen gehe, weil das Training mir keinen Spaß machte, wurde das belächelt.

Als ich gesagt habe „zum Klavierspielen üben habe ich keine Lust" kam von meiner Mutter: „Dann machst Du es eben ohne Lust!".

Ich kann meinem Vater Unrecht tun, aber ich habe noch heute für mich das Gefühl, dass ich im Kindesalter jemals seinen Erwartungen entsprochen hätte. Auch wenn wir heute wieder ein relativ gutes Verhältnis haben und ich verstandesmäßig glaube, dass ich ihm seine frühere Unfähigkeit Anerkennung geben zu können verziehen habe, sitzt der Schmerz bei genauer Betrachtung doch noch tief.

Als ich nach positiven Bildern aus meiner Kindheit suchte, stieß ich leider nur auf die schönen Stunden bei meinen Großeltern.

Mein Opa hatte eine Engelsgeduld. Er hatte unendlich viel Zeit mit uns Kartoffelpuffer zuzubereiten. Vorwürfe hatte ich nie zu erwarten. Wir durften sogar die Streusel vom Geburtstagskuchen runter naschen. Er hat das dann lächelnd wieder ausgebessert.

So etwas kannte ich von meinem Vater nicht. Das Aufschreiben dieser Kindheitserinnerungen hat mir zwar

Tränen in die Augen getrieben, aber ich denke, dass diese Gefühlsarbeit im Nachhinein wertvoll war.

Jeder Schmerz will gefühlt werden. Jede Emotion braucht Beachtung. Gefühle wollen gefühlt und nicht unterdrückt werden. Die Tränen waschen den Schmerz aus dem Körper und ein beruhigendes Gefühl stellt sich in Folge ein.

Es wird natürlich auch nicht alles schlecht gewesen sein. Auch wenn ich in Fotoalben fast nie gemeinsam mit meinem Vater zu sehen bin, muss ja jemand die Bilder gemacht haben. Das hat ein guter Freund zu mir gesagt, als ich mich darüber beklagt hatte. Darüber hatte ich nie nachgedacht und ich war beeindruckt, wie positiv und unbeeinflusst wirkliche Freunde denken können.

„Ich mach´ das lieber selber!"

Dieser Glaubenssatz kann wieder verschiedene Ursachen haben. Unsere Vorbilder sind wie immer nicht ganz unwichtig. Wenn Du in einer Unternehmerfamilie groß geworden wärst, wäre die Wahrscheinlichkeit sehr gering, dass Du auf die Idee kommen würdest, alles selber machen zu wollen.

Deine eigenen praktischen Erfahrungen spielen hier auch eine wesentliche Rolle, die in Dir vielleicht den Glauben wachsen ließen, dass das Niemand so gut hinbekommen kann, wie Du selbst.

Wie viel Zeit bin ich bereit in die Ausbildung der Mitarbeiter zu stecken? Der Beginn jeder Selbständigkeit ist hierbei von entscheidender Bedeutung.

Beachte ich die Grundstrukturen, die für eine funktionierende Firma erforderlich sind, oder beginne ich erst mal allein?

Allein zu beginnen ist ziemlich fatal, weil wir im Nachhinein feststellen müssen, dass wir nicht gleichzeitig alle Funktionen einer gut strukturierten Firma in vollem Umfang erledigen können.

Eine Firma kann nur dann wachsen, wenn die drei Bereiche Produktion, Marketing und Finanzen sich durch Reibung gegenseitig hochschaukeln können.

Dies ist nur möglich, wenn diese Funktionen auch von verschiedenen Menschen ausgeführt werden. Hier empfehle ich ein wunderbares Buch von Michael Gerber: „Das Geheimnis erfolgreicher Firmen".

Fragen Sie so manchen Arzt. Wie sieht die Praxis dort aus? In der Regel arbeitet der Arzt tagsüber mit Patienten und abends verbringt er seine Zeit damit, die Abrechnungen in den Griff zu bekommen. Was hat das dann noch mit Lebensqualität zu tun? Gerber sagt sinngemäß: Der einzige Sinn und Zweck einer Firma besteht darin, eine perfekte kleine Geldmaschine aufzubauen, die auch dann läuft, wenn der Inhaber mal nicht da ist.

Die Praxis zeigt aber leider oft das Gegenteil. Gerber entlarvt die Ursache für das Scheitern vieler Firmen ganz einfach.

Er sagt, wir sind Fachleute, die an einem Unternehmeranfall leiden. Ein Maler macht sich selbständig. Wenn genügend Aufträge da sind, stellt er Mitarbeiter ein, die diese Arbeit mit ihm gemeinsam bewältigen. Geht die Auftragslage zurück, hat er ein Problem, weil die Funktion des Marketings von Niemandem übernommen wurde. Es waren ja nur Produktionsarbeiter da.

Besser wäre es aus Gerbers Sicht, wenn ein Maler ein Friseurgeschäft aufbauen würde. Warum? Weil er niemals auf die Idee käme, den Kunden die Haare zu schneiden.

Er würde in der Vorbereitung genau kalkulieren, was getan werden muss in den Bereichen Produktion, Marketing und Finanzen.

Auch große Entertainer, wie Thomas Gottschalk erreichten Ihren Erfolg nicht im Alleingang. Darauf zu vertrauen, dass Andere genauso gute oder sogar noch bessere Leistungen erbringen können, als man selbst, wäre eine wünschenswerte Eigenschaft, an der es sich lohnt zu arbeiten.

Dass dies funktionieren kann, zeigt der Aufbau meiner Schwimmschule im Lizenzsystem.

Auch wenn im Nachhinein nicht jeder dafür geeignet war, so sind doch drei Partner in anderen Städten ausdauernd sehr erfolgreich geworden.

„Man kann nur mit einem 12-14 Stunden Arbeitstag erfolgreich werden"

Nichts gegen Freude an der Arbeit. Solange die anderen Dinge des Lebens nicht zu kurz kommen, ist nichts dagegen einzuwenden, viel Zeit dafür zu verwenden etwas Sinnvolles für andere zu tun.

Rein Rechnerisch kann das schon nicht funktionieren, wenn wir die anderen Lebensbereiche wie Familie, Freizeit, Sport, Hobby, Freundschafen, Weiterbildung und Gesundheit nicht vernachlässigen wollen. Unsere

Gesellschaft hat diesen unsinnigen Glaubenssatz hervorgebracht. Er basiert auf Angstmache. „Wenn Du nicht bereit bist Überstunden zu machen, ist Dein Arbeitsplatz gefährdet".

Timophy Ferris schreibt in seinem Buch „The 4 hour work week" sehr ausführlich, dass Erfolg nicht an eine unsinnige zeitgebundene Regel geknüpft sein muss.

Nach dem Pareto-Prinzip sind 20 Prozent unserer Aktivitäten die Ursache für 80 Prozent der Ergebnisse.

Wenn wir minutengenau aufschreiben würden, womit wir uns den ganzen Tag beschäftigen, würden wir feststellen, dass einige Zeit vertrödelt wird. Das, was wirklich Nutzen bringt, erfordert in der Regel aus eigener Erfahrung nur eine Stunde Zeit. E-Mails können einmal am Tag abgerufen und beantwortet werden und nicht immer dann, wenn es „bling" macht. Gerade für Selbständige gilt, dass viele Tätigkeiten für wenig Geld delegierbar sind.

Es gibt Firmen im Internet, wie z.B. e-assistentin.de, die Recherche- oder andere Büroarbeiten für ca. 6,-€ pro Stunde übernehmen. Das habe ich selber sehr häufig genutzt. Timo Ferris zeigt am eigenen Bespiel, dass das

Internetzeitalter uns sogar die Möglichkeiten bietet, das Leben so leicht zu machen, dass wir sogar durch die Welt bummeln können.

Wenn wir automatisierte Strukturen schaffen, kann auch nur eine Stunde Arbeit am Tag ausreichend sein, um mehr zu verdienen, als wir brauchen. Auch eine Stunde Arbeit am Tag kann uns das Gefühl geben, nützlich zu sein. Viele Erfolgsbücher suggerieren, dass finanzielle Freiheit <u>das</u> Ziel sei, was für Jeden die Erfüllung bedeuten würde.

Wir könnten dann vorzeitig „in Rente gehen" und das Leben genießen. Ein ausgeglichenes glücklicheres Leben ist mit dem Fokus auf Effektivität statt Stunden viel besser zu führen. So bleibt auch täglich Zeit für Familie und Hobbys. Wir leben mit diesem Ansatz eher im Hier und jetzt. Wenn man Arbeitgeber fragen würde, wollen diese in Wirklichkeit ihre Angestellten in den meisten Fällen auch lieber für Ergebnisse bezahlen und nicht für die Arbeitszeit. Viele Strukturen, die sich früher entwickelt haben, sind heute nicht mehr zwingend erforderlich. Vieles lohnt sich von Zeit zu Zeit in Frage zu stellen.

„Ich kann nicht sparen, ich will jetzt leben!"

Wie im vorherigen Kapitel angedeutet, ist es aus meiner Sicht im Sinne der Lebensqualität nicht erforderlich, übertrieben hart zu arbeiten, um dann irgendwann vielleicht von den Zinseinnahmen leben zu können.

Trotzdem ist es sinnvoll, gut mit seinem Geld zu wirtschaften.

Einen kleinen Prozentsatz der Einnahmen wegzulegen, weil wir ihn gar nicht brauchen tut gut. „Sparen heißt, sich selbst zu bezahlen" sagt Bodo Schäfer.

Das ist gut fürs Selbstbewusstsein und so ein Puffer hat mir so manche Winterflaute gerettet.

Wir geben jedem Trinkgeld, warum also nicht auch uns selbst? Mit dem Wissen, über einen wachsenden Puffer zu verfügen, lässt es sich entspannter handeln.

Ich hatte mich in den ersten Jahren, als ich noch nicht gespart hatte, ertappt, dass ich in blinden Aktionismus verfiel und mit viel Aufwand gegen saisonale Schwankungen kämpfte.

Später nutzte ich Flauten, um mich zu erholen und anderweitig kreativ sein zu können. Da war ein Geldpuffer sehr gut.

Sparen heißt nicht knausern. Es geht um Ausgewogenheit. Wenn der Betrag, den wir langfristig weglegen wollen prozentual zum Einkommen zu hoch ist, halten wir das nicht lange durch. Ich habe mich dann ertappt, dieses Geld doch zu verwenden, weil ich auch mal Urlaub machen wollte. Später plante ich dann dafür lieber gleich einen kleinen Prozentsatz des Einkommens ein, sodass kein Frust entstehen konnte.

Niemand hält es auf Dauer durch, immer nur zu sparen. Jetzt gut zu leben und sich gleichzeitig einen kleinen Prozentsatz „Trinkgeld" zu geben, macht deshalb mehr Sinn.

Viele Menschen schrauben ihre festen finanziellen Belastungen so in die Höhe, dass Stress entstehen muss.

Ich habe einmal eine Mutter von einem Schwimmkind, die einen schönen großen BMW hatte, gefragt, ob wir nicht die Autos tauschen wollen. Sie hat geantwortet: „Gern, wenn Du die Raten übernimmst!"

Ich kenne niemanden, der in seinem Leben nicht gern einmal etwas völlig Neues anfangen wollte. Oft bremst uns der Gedanke an Mangel an Geld, es tatsächlich auch zu tun. Im Umkehrschluss ermöglicht uns Geld eine enorme Flexibilität. Wie viel Geld hast Du schon „zum Fenster rausgeschmissen", etwa für Trinkgeld, nur weil es sich so gehört oder weil Du nett sein wolltest, selbst bei miserablem Service? Belohne Dich in Zukunft selbst mit diesem Betrag. Leg´ es beiseite, für ein ausgeglichenes Leben.

„Sei schön bescheiden!"

Es gibt einen riesigen Unterschied zwischen Bescheidenheit und Dankbarkeit. Dankbarkeit ist für den inneren Seelenfrieden sehr förderlich. Bescheidenheit eventuell auch, wenn sie nicht aufgrund von Prägungen zur **falschen** Bescheidenheit ausgeartet ist.

Ein Beispiel: Du wirst von Deiner Oma zum Essen ins Restaurant eingeladen. Auf Grund Deiner Erziehung: „sei schön bescheiden!", wählst Du eines der billigsten Gerichte z.B. Spagetti Bolognese, obwohl Du in Wirklichkeit lieber Fisch essen würdest. Das hat dann nichts mit Bescheidenheit zu tun, sondern eher mit Unehrlichkeit. Die Oma ist sogar ziemlich sauer, weil sie Dir wirklich etwas Gutes tun wollte. Sie fühlt sich nicht sehr gut mit Deiner falschen Bescheidenheit, und Du Dich auch nicht. Sie hat vielleicht Geld im Überfluss, nur Du bist es Dir nicht wert, das auch anzunehmen.

Verstehe mich bitte nicht falsch. Es ist nichts dagegen einzuwenden, sein eigenes Leben so einzurichten, dass man ohne Prunk und Statussymbole glücklich sein kann. Spüre aber genau hin, ob falsche Bescheidenheit Dein Leben beherrscht. Wir wollen den Irrglauben beseitigen, dass bescheidenes Auftreten beim Gegenüber immer als positive Charaktereigenschaft eingestuft wird.

Ein Freund von mir ist Zimmermann. Er wollte sich selbständig machen. Wir sprachen über Werbung. „Oh, mit meinem Namen zu werben liegt mir gar nicht" war seine erste Reaktion. Er hatte auch den Glaubenssatz in sich, dass Bescheidenheit etwas Positives sei. Die Folge war, dass er sich zuerst sehr gegen Werbung gewehrt hatte. Wir haben uns oft über das Thema Werbung unterhalten.

Heute ist er ein Profi. Er hat einen super Messestand mit seinem lebensgroßen Bild in Verbindung mit dem Slogan „Zimmermann aus Leidenschaft". Er nutzt jede Fläche seines Transporters, um Werbung zu machen. Auf jeder Baustelle ist sein Name von weitem sichtbar. Er ist inzwischen sehr erfolgreich, hat Mitarbeiter und die Projekte werden immer größer.

War Werbung etwas, das in Deiner Familie grundsätzlich verurteilt wurde? Wurde bei jedem Werbespot im Fernsehen schnell umgeschaltet? Erachtest Du Werbung als interessant oder lästig? Manche Menschen besitzen die Überheblichkeit zu denken, dass die Leute schon irgendwie von ihnen erfahren werden. Sicher ist Mundpropaganda die beste Form der Werbung, allerdings weiß jeder Unternehmer, dass man sich nicht allein auf Mundpropaganda verlassen kann. Jeder ist heutzutage so beschäftigt und so vielen Reizen und Möglichkeiten ausgesetzt, dass er bei demjenigen kaufen würde, der sich besser präsentieren kann.

Die Folgen falscher Bescheidenheit und was wir daraus lernen können

Ich war früher sehr von Mangel geprägt. In der Annahme, dass dieser Mangel auch in den Köpfen anderer existieren würde, traf ich gleich zu Beginn meiner Selbständigkeit die Entscheidung meine Schwimmschule „Garantie-Schwimmschule" zu nennen.

Die eigentlich sehr ethisch klingende Geschäftsidee, Geld zurück zu geben, falls ein Kind das Schwimmen nicht lernt oder es so lange kostenlos weiter zu betreuen, bis es schwimmen kann, hatte jedoch einen sehr großen Haken. Erstens schürte ich bei meinen Kunden eine riesige Erwartungshaltung, die ich nicht in jedem Fall erfüllen konnte und zweitens setze ich mich selbst und später auch meine Lizenzpartner unter einen enormen Leistungsdruck. Das hatte dazu geführt, dass viele Partner, die ich ausgebildet hatte, frühzeitig das Handtuch warfen und ihre Selbständigkeit wieder beendeten.

Ich musste auch erkennen, dass z.B. ein Geschäftsmodell, wie „Franchise", nicht für jede Unternehmung als Expansionsmöglichkeit geeignet ist.

Nach vielen Jahren krampfhaftem Festhalten an diesen Konzepten, nahm ich endlich die Garantieklausel heraus. Die frühere Annahme, dass dadurch die Einnahmen zurückgehen könnten, bestätigte sich nicht.

Erstaunlicherweise zahlten die Kunden weitere Zusatzstunden gern und bereitwillig. Der Mangel existierte also nur in meinem Kopf. Es kostet großen Mut, Fehler einzugestehen und Konzepte völlig zu ändern. Ehrlichkeit sich selbst und den Kunden gegenüber ist letztendlich immer die beste Lösung.

„Warum haben Menschen nur so ein großes Problem damit, ehrlich zu sein?" Diese Frage hat mir mal meine Freundin gestellt und ich hatte sie nicht sofort verstanden. Ich hatte mich sogar ziemlich angegriffen gefühlt.

Nachdem ich mich so lange mit den Fragen der Prägungen aus der Kindheit beschäftigt hatte, wurde mir bewusst, wie oft wir uns verstellen, um es anderen Recht zu machen. Wir kaufen sinnlose Geschenke, weil es sich zu Weihnachten so gehört, jedem etwas zu schenken. Wir widersprechen nicht, weil wir nicht anecken wollen.

Wir lassen uns von unserem eigenen Partner beschimpfen, aus Angst ihn zu verlieren.

Wir tun so, als freuen wir uns über Geschenke, die wir nicht mögen, nur um dem Schenkenden nicht weh zu tun. Wir sind freundlich zu Menschen, die wir nicht leiden können und reden dann hinter ihrem Rücken schlecht über sie.

Wir lächeln, wo es nichts zu lächeln gibt. Wir trinken Alkohol, obwohl er uns nicht bekommt. Wir zieren uns, Geschenke anzunehmen und sagen, „das ist doch viel zu teuer!". Wir bleiben bei einem Konzert aus Höflichkeit sitzen, auch wenn es uns nicht gefällt. Wir bezahlen vielleicht sogar Mitarbeiter, die miserable Leistungen vollbringen.

Wir haben nicht den Mut, Mitarbeiter zu kündigen, wenn die Auftragslage stark zurückgegangen ist. Wir laufen an einer Gaststätte vorbei und machen uns fast in die Hose, aus Feigheit oder Scham, die Bedienung zu fragen, ob wir die Toilette benutzen dürfen.

Wir haben nicht einmal unsere eigenen Visitenkarten dabei, obwohl wir erfolgreich sein wollen. Das eigene Werbe-T-Shirt liegt unbenutzt im Schrank. So lange wir uns bei solchen Dingen ertappen, lohnt es sich, am Aufbau unseres Selbstbewusstseins aktiv zu arbeiten. Du musst Dir ja nicht gleich ein Tattoo mit Deiner Internetseite auf Deinen Unterarm stechen, aber Freude würde es sicher in Dein Leben bringen! Vom Erfolg ganz zu schweigen!

„Das macht man nicht!"

Ich war auf dem Story-Workshop von Alexander Christiani in Euskirchen. Wir erarbeiteten emotionale Storys, die der Firmeninhaber in Form eines Videos auf seine Internetseite stellt. Storys haben gegenüber herkömmlichen Marketingmaßnahmen den Vorteil, dass sie sich viel stärker durch Mundpropaganda verbreiten. Bei der Erarbeitung einer Firmengeschichte machte ein Leiter eines Fitnessstudios die Branche ziemlich schlecht. Er sagte, dass viele Fitnessstudios nur Geräte vermieten und die Kompetenz der Trainer oft zu wünschen übrig lässt. Da gab ich zu bedenken: „das macht man doch nicht, die anderen schlecht zu machen". „Warum nicht?", „Sprich es einfach ehrlich an, wo die Missstände sind, nur so kannst Du auch erklären, warum Du Deine Firma überhaupt gegründet hast", kam als Meinung von den Coaches zurück. Ich war geschockt. So hatte ich das noch nie gesehen. Okay, dachte ich, dann sage ich auch ehrlich das, was ich schon immer über meine Branche gedacht hatte und formulierte für meine Internetseite die drei größten Lügen, warum angeblich so viele Menschen nicht schwimmen können.

1. Lüge: Du musst nur Deine Angst überwinden!

Blödsinn!!! Probieren, ohne die Schritte zu kennen, die Dich über Wasser halten, ist Dummheit! Bei jeder anderen Fähigkeit kann man aus Fehlern lernen. Beim Schwimmen nicht! Ein grober Fehler, kann den Tod bedeuten!

2. Lüge: Als Erwachsener lernt man schwerer schwimmen, als ein Kind.

Falsch!!! Erwachsene haben mehr Feingefühl und sind konzentrierter! Mit der von mir entwickelten Tragflächentechnik lernen Erwachsene innerhalb von einer Stunde, sich über Wasser zu halten.

3. Lüge: Wir haben zu wenige geeignete Schwimmbäder, wo man das Schwimmen ungestört lernen kann.

Quatsch!!! Es gab bisher nur keine gute Methode, die in jedem Schwimmbad funktioniert!

Es kostete mich große Überwindung so ehrlich zu sein und die Branche öffentlich zu kritisieren.

Dieser Text war nicht einmal einen Monat online, da hatten sich die Bestellungen meiner Methodik-Videos bereits verdoppelt!

Es lohnt sich also ehrlich zu sein. „Das macht man nicht", war scheinbar ein negativer Glaubenssatz! Aha!

„Ich bin manchmal eifersüchtig"

Vielleicht geben wir das nicht zu, aber wenn es uns allzu häufig vorgeworfen wird, könnten wir überprüfen, ob da nicht etwas Wahres dran sein könnte. Eifersucht ist auch die Angst, den Partner verlieren zu können.

Das hat etwas mit dem tiefsitzenden Gefühl zu tun, nicht gut genug zu sein. Kein Mensch gibt es gern zu, dass er Macken hat. Deshalb schieben wir die Schuld gern auf die Außenwelt. An uns selbst ändern wir erst dann etwas, wenn der Schmerz groß genug ist.

Eher bestätigt jede Enttäuschung von Partnern unsere Annahme, dass alle Männer Schweine sind oder die Frau an meiner Seite zu hübsch, als dass sie mit mir allein glücklich sein könnte. Ist das ein Zustand den wir beibehalten wollen? Nein. Können wir andere Menschen ändern? Nein. Wie kann ich Eifersuchtsszenen meines Partners vermeiden? Gar nicht! Ich könnte mich bewusst noch so sehr bemühen, nicht nach anderen Frauen zu schauen, oder andere Situationen vermeiden, die Anlass zur Eifersucht geben könnten. Das führt immer zur Selbstknebelung und Einschränkung. Keiner will den anderen bewusst in seiner Persönlichkeitsentwicklung bremsen. Vertrauen ist die Basis für jede gute Beziehung. Also dreht sich Alles wieder nur um den Aufbau unseres eigenen Selbstbewusstseins. Je stärker wir sind, desto weniger schmerzhafte Empfindungen müssen wir erleiden.

„Ich weiß nicht, was ich will!" (Ich kann mich schwer entscheiden, was meine Ziele sind)

Diese Unschlüssigkeit kenne ich aus meinem Leben sehr genau. Getrieben von dem unbändigen Wunsch, etwas ganz Großes zu leisten oder aufzubauen, war ich ständig auf der Suche nach Erfolgsgeschichten in Form von Büchern, Hörbüchern, Motivationsseminaren und „Gurus". Trotzdem hat mich nichts auf Dauer motivieren können. Auf der Suche nach den Ursachen dieser Unschlüssigkeit, bin ich auf eine Prägung meiner Eltern gestoßen, die lautete:

„Das heißt nicht ich will, sondern ich möchte bitte!"

Wie schon öfter betont, war auch dieser Erziehungsversuch damals gut gemeint. Sie wollten mir gute Umgangsformen beibringen. In vielen Situationen war dies auch durchaus sinnvoll. Wenn ein autoritärer Erziehungsstil allerdings so ausartet, dass in keinem Zusammenhang ein „ich will" zugelassen wird, dann wird schnell ein „ich möchte bitte, eventuell, wenn es keine Umstände macht" zum Lebensstil. Fühle mal in Dich hinein, wie viel Kraft in einem „Ich möchte bitte" steckt, und wie viel mehr Energie in einem „Ich will"!

Ich war als Kind sehr oft jähzornig, aus Ohnmacht gegenüber meinem Vater. Jedes „ich will" wurde damit bestraft, dass ich so lange in der Zimmerecke sitzen musste, bis ich „ausgebockt" hatte. Den Willen eines Kindes zu brechen, ist auch heute noch nicht selten Alltag. Ich bin gegen antiautoritäre Erziehung. Kinder brauchen klare Regeln. Allerdings wäre ein liebevolles Miteinander auf Augenhöhe wünschenswert. Sinnvolle Regeln sind begründbar. Diese Begründung muss ein Kind auch verstehen. „Weil ich es sage", oder „weil man Erwachsenen gehorcht", oder „weil es sich gehört, Respekt vor den Erwachsenen zu haben", ist keine liebevolle Begründung.

In jedem Menschen steckt ein ganz klares „ich weiß was ich will". Unter Entspannung findest Du es heraus. Brian Tracy hat eine 20 Ideen Methode empfohlen. Setz Dich in einen stillen Raum. Nimm ein Blatt Papier und schreibe die Fragestellung, die es zu lösen gilt, auf dieses Blatt und bleibe so lange sitzen, bis Du 20 Antworten gefunden hast.

Zum Beispiel die Frage: Was ist mir in meinem Leben am wichtigsten?

Die ersten 20 Minuten wird vielleicht gar nichts passieren, aber dann wird der Geist klar und es wird Antworten sprudeln. Wenn Du dazu neigst eher zu wissen, was Du nicht willst, dann ist das auch eine Sitzung wert, die Klarheit in Dein Leben bringt. Ob Du Dir dafür eine Hypnosesitzung gönnst oder diese 20 Ideen-Methode praktizierst, diese Zeit für Dich zu investieren ist unglaublich sinnvoll, weil es den Stress des „Herumeierns" aus Deinem Leben nimmt. Schon in der Bibel heißt es „Dein Wille geschehe" und nicht „Dein 'ich möchte bitte' eventuell, wenn es keine allzu großen Umstände bereitet". Das, was wir wollen, entspricht unseren Werten. Im Gegensatz zu formulierten Zielen sagen uns unsere Werte sehr viel ehrlicher, was uns wirklich wichtig ist. Werte sind die Gründe, warum wir irgendetwas tun. Werte sind also die Basis für jegliches Ziel. Dieser Werte-Test ist ein wesentlicher Bestandteil von meiner Hilfe, die ich Dir in einem persönlichen Coaching geben kann.

„Geben ist seliger als Nehmen!"

Warum soll dieser Glaubenssatz ein negativer Glaubenssatz sein? Weil Alles im Leben seinen Ausgleich braucht. Wo jemand geben möchte, muss es auch jemanden geben, der empfängt. Im Buch von T. Harve Eker „The Millionaer Mind" wird das sehr schön beschrieben. Dem Regen ist es völlig egal, wohin er fällt. So ist es auch mit dem Geld. Wenn Dir jemand etwas Gutes tun will und Du nimmst es nicht an, dann wird es jemand anderes empfangen. Falsche Bescheidenheit nutzt niemandem. Das, was Du gibst ist Energie und diese Energie muss zu Dir zurückfließen. Wenn Du sie nicht annimmst, widersetzt Du Dich dem Energieerhaltungssatz. Geld ist nur ein Mittel zum Austausch von Energie. Nicht schlecht, nicht gut. Du entscheidest, was Du damit machst und welche Bedeutung Du dem Geld gibst. Lass´ Dir von niemandem einreden, dass Geben seliger ist als Nehmen, auch nicht von Repräsentanten der Kirche. Mit mehr Geld kannst Du mehr Gutes tun, als mit Weniger.

„Ich bin zu faul"

„Sei nicht so faul! Immer machst Du alles auf den letzten Drücker!" Wie oft haben wir das gehört? Keiner hat daran gedacht, dass die Faulheit auch riesige Vorteile haben könnte. Die Frage: „Gibt es da nicht einen besseren Weg?" ist eine der wertvollsten, die man sich stellen kann. Jede Maschine ist dadurch entstanden, weil sich Menschen genau diese Frage gestellt haben. Eine Vielzahl von Produkten wird heutzutage übers Internet verkauft. Warum? Es ist viel leichter, als auf Kunden aus meiner Region zu warten, ob sie vielleicht in mein Geschäft kommen. Es ist also nichts Schlechtes daran, sich das Leben leichter zu machen. Jeder bevorzugt sein eigenes Arbeitstempo. Es gibt Menschen, die sind erst abends in Höchstform und dann kreativ. Manche Menschen schaffen in zwei Stunden effektiver Arbeit mehr als andere in acht Stunden. Deshalb hat niemand das Recht, uns als faul zu verurteilen.

„Es gibt Wichtigeres als Geld" oder „Geld allein macht auch nicht glücklich"

Wie lange würde wohl eine Frau bei Dir bleiben, wenn Du ihr sagen würdest „es gibt Wichtigeres als Dich!"? Wie lange soll Geld bei Dir bleiben, wenn Du ständig behauptest, es sei nicht wichtig? Was soll denn wichtiger sein als Geld (Energie)? Liebe? Versuch´ doch mal mit Liebe Deine Rechnungen zu bezahlen! Geld ist wichtig. Der Mangel an Geld führt oft zu Streit, Scheidungen, Dauerstress, nur weil mal irgendjemand uns einreden wollte, dass Du ein besserer Mensch wärst, je weniger Geld Du von Anderen verlangst. „Es gibt Wichtigeres als Geld" kommt bestimmt nicht von jemandem, der sehr viel Geld hat. Wer so etwas behauptet, will nur seine Unfähigkeit, viel Nutzen bringen zu können nicht ehrlich zugeben. Deshalb wertet er die Bedeutung von Geld ab. „Geld allein macht auch nicht glücklich" ist genauso ein dummer Spruch, weil nichts im Außen uns glücklich machen kann. Glück hat ja etwas mit innerer Zufriedenheit, Ausgeglichenheit und Selbstliebe zu tun. Kein Partner kann uns glücklich machen, Autos und Häuser auch nicht, also was soll der Geld abwertende Spruch für einen Sinn haben? Demjenigen, der kein Geld hat, Trost zu spenden? Denjenigen zu verurteilen, der mehr Geld hat?

Jeder weiß aus eigener Erfahrung, dass materielle Dinge im Außen nur kurzfristige Befriedigung bringen. In jeder Ehe kann man sich noch so viel Mühe geben. Kein Geschenk der Welt kann den Partner glücklich machen, wenn dieser mit einer grundsätzlichen Unzufriedenheit durchs Leben läuft.

Von einem Menschen, der mit einer inneren Grundhaltung des Glücklich-seins durchs Leben läuft, wirst Du einen solchen Spruch nicht hören. Ein glücklicher Mensch nimmt automatisch nur die Dinge im Außen wahr, die zu seiner Grundhaltung passen. Unglückliche Menschen blenden durch ihre Grundhaltung leider automatisch die schönen Dinge aus. Auch Geld. Eine Verurteilung von Geld verschlimmert dann noch die Situation, weil jede Verurteilung, jede Abwertung uns selbst schadet. Mensch zu sein, hat nicht nur Vorteile. Ein Hund wedelt normalerweise jeden Tag mit seinem Schwanz vor Freude am Leben. Er „zickt nicht rum", macht keine Vorwürfe, ist nicht wochenlang beleidigt, verurteilt nicht oder macht keine sinnlosen Sprüche. Nur der Mensch kann sich in so absurde unangenehme Gefühle hineinsteigern, aufgrund seiner Programmierungen, Erfahrungen aus seiner Kindheit. Obwohl wir uns als schlau bezeichnen, haben wir manche Dinge doch komischerweise ohne Überprüfung auf den Wahrheitsgehalt einfach übernommen.

Geld ist ein Schmierstoff, der es uns ermöglicht, durchs Leben zu gleiten. Demzufolge ist Geld sehr wichtig. Hast Du Mangel an Geld, spüren es Deine Kunden. Jeder Kunde spürt genau, ob Du seinen Auftrag unbedingt brauchst oder ob es Dir egal ist, ob er sich von Dir helfen lassen will.

Wo Energie ist, kann etwas entstehen. Was keine Energie hat, ist tot. Also werte Geld (Energie) nicht ab, sondern lerne mit dieser Energie richtig hauszuhalten, so dass Du in keinem Bereich Mangel verspürst. Ein Geldtopf für Spaß und Urlaub ist wichtig. Ein Geldtopf für die laufenden Ausgaben ist wichtig. Wir brauchen auch einen Geldtopf für Weiterbildung. Ein prozentualer Anteil unseres Einkommens ist für die Umsetzung neuer Ideen sinnvoll. Zur Ausgeglichenheit tut es gut, auch den Spendentopf nicht zu vergessen. Ein Investitionstopf für langfristiges Sparen hat so manchem schon ermöglicht, dass sein eigenes Leben ohne körperlich anstrengende

Arbeit möglich wird. Geld ist etwas Tolles! Geld bietet Dir ungeahnte Möglichkeiten!

„Man muss doch realistisch sein!"

Quatsch! Was für den Einen völlig unrealistisch erscheint, ist für den Anderen völlige Normalität. Sicher gibt es ein paar Grundgesetze, die man nicht umgehen kann. Ansonsten ist eines der Maxime von Arnold Schwarzenegger: „Brich alle Regeln!"

Kannst Du Dir vorstellen, dass jemand 450 Musikschulen aufbauen kann? Ich habe ihn persönlich kennengelernt. Das ist der Herr Dieter Fröhlich, der die Musikschule Fröhlich zu einem wahren Imperium aufgebaut hat und das, mit einem scheinbar altmodischen Instrument – dem Akkordeon! Ein sympathischer Mensch, der eine unglaublich Ruhe und Gelassenheit ausstrahlt. So wollte ich auch sein!

Wie macht er das? Mit der Einstellung „Man muss doch realistisch sein!"? Ganz bestimmt nicht! Wenn wir sagen „Ich bin halt Realist", kann es sein, dass dieser

Gedankengang für unsere Neugierde nicht sehr förderlich ist. Vielleicht gab es in Deinem Leben zu viele Misserfolgserlebnisse und Enttäuschungen?

Neugierde hat mir diese tolle Begegnung mit Herrn Fröhlich beschert. Ich hatte das Buch „Stroh im Kopf" von Vera F. Birkenbihl gelesen. Aus Neugierde nach Büchern zum Thema „Beschleunigung von motorischen Lernprozessen" hatte ich sie dann angerufen. Sie war sehr nett und neben der Empfehlung von Büchern, sagte sie: „Rufen Sie doch mal den Herrn Fröhlich an, der hilft gern Existenzgründern und ich kann mir vorstellen, dass er Ihre Idee mit der ´Garantie-Schwimmschule´ gut finden könnte".

Was dann passierte, war die unglaublichste und wertvollste Begegnung in meinem bisherigen Leben. Er war so herzlich am Telefon, ließ sich sofort mein Handbuch schicken, welches ich für meine Franchise-Partner erarbeitet hatte. Er würde das in seinem Urlaub durchlesen und sich dann bei mir melden.

Drei Wochen später lud er mich in seine Franchisezentrale bei Frankfurt ein und zeigte mir sein

Imperium. Er nahm sich einen ganzen Tag Zeit, um mich in die Geheimnisse seines Erfolges einzuweisen.

Später schickte mir eine seiner Sekretärinnen sogar noch seinen Franchise-Vertrag, den ich dann für mein Geschäftsfeld umschreiben durfte. Vier Wochen danach besuchte er mich sogar in Bamberg, um sich ein Bild davon zu machen, wie ich arbeite.

Der Energieschub, den diese Begegnung verursachte, begleitet mich noch heute. Wenn jeder Realist wäre, gäbe es keine Erfindungen, es gäbe kaum Entwicklung.

Das Unmögliche braucht manchmal vielleicht mehr Zeit, doch die Konzentration auf scheinbar Unmögliches ziehen Umstände und Situationen in unser Leben, die eine Sache letztendlich realistisch werden lässt. Kindern in einer Woche das Schwimmen beizubringen, schien für viele Menschen in meinem Umfeld unmöglich zu sein.

Ich wollte das nicht hören und fand Wege und Möglichkeiten. So erfand ich ein Schwimmfahrrad, entwickelte Methodik-DVD´-s und machte mir und meinen Partnern durch eine Schautafel-Methode die Arbeit leichter. Für die ängstlichen Kinder entstand später das Buch „Freddy lernt schwimmen".

Mein Drang nach schnellen Erfolgserlebnissen mündete in einer 10-Schritt-Methodik, mit der erwachsene Nichtschwimmer innerhalb von einer Stunde über Wasser bleiben.

Die Angst, die bei diesen Menschen jahrelang existierte, löst sich, dank dieser Methode, von heute auf morgen in Luft auf. Daran habe ich Spaß; darauf bin ich stolz.

Nur, weil unser Umfeld manche Dinge nicht für möglich hält, brauchen wir uns diesen Glaubenssatz „man muss doch realistisch sein" nicht zu Eigen machen. Es gibt kaum Regeln, die wirklich unumstößlich sind. Wenn jemand behauptet, dass es ganz normal ist, dass eine neue Geschäftsidee erst nach drei bis fünf Jahren Gewinne abwerfen kann, dann ist das schlichtweg falsch und eine dumme Verallgemeinerung. Es gibt genügend Beispiele, die auch Anderes beweisen. Wir wissen, welche explosionsartigen Entwicklungsmöglichkeiten das Internet heute bietet. Eine neu programmierte App kann von einem auf den anderen Tag Millionen Nutzer finden. So geschehen, durch die Fernsehsendung „Höhle der Löwen" in der sich zwei Jugendliche mit ihrer Mathe-App präsentiert hatten.

„Ich habe immer das Gefühl, mir den kompliziertesten Weg auszusuchen"

Schön, dass Du das erkannt hast! Eine gute Gelegenheit, anzufangen, künftig die richtigen Fragen zu stellen! Vielleicht steckt der Glaubenssatz dahinter „man muss sich alles hart erarbeiten". Vielleicht hast Du auch zu oft gehört „sei nicht so faul!". „Wir leben doch nicht im Schlaraffenland!" hat mein Vater oft gesagt. Reichtum ist das Wissen, wie man mit wenig Aufwand viel erreicht. Armut ist, wenn große Aufwendungen nicht zu den gewünschten Ergebnissen führen. Stell die richtigen Fragen!

„Wie kann ich mit meiner Dienstleistung oder mit meinen Produkten mehr Menschen als bisher Nutzen bringen?".

Eine der besten Strategien selbst reicher zu werden, ist es anderen zu helfen, Geld zu verdienen. Das ist das, was ich mit meiner Schwimmschule tue. Ich gebe Schwimmlehrern meine Methoden und lasse sie damit Geld verdienen. So ist jedem gedient. Jeder Unternehmer macht das so. Er schafft Arbeitsplätze und verdient daran einen bestimmten Teil. Natürlich ist es nicht jedermanns

Sache Unternehmer zu werden. Trotzdem lohnt sich die Fragestellung: „Was kann ich am besten und wie kann ich damit so viel wie möglich Menschen dienen?" Das Internet bietet bezüglich der Expansion enorme Möglichkeiten. Nichts geschieht ohne Startaufwand. Auch ein Börsenmakler muss Vorarbeit leisten. Er benötigt das Wissen, wie sinnvolle Investitionen zu tätigen sind.

Dann wird´s leicht. Leider haben wir gelernt „Man muss ja Kompromisse eingehen." So schlittern viele Menschen in eine ungeliebte Tätigkeit und quälen sich dort so lange, bis sie krank werden. „Ich muss ja Geld verdienen", höre ich oft. Es ist klar, dass jede Veränderung auch Angst macht. Unsicherheit macht sich breit. Jede Quälerei ist jedoch noch unsicherer, weil alles irgendwann zerbricht, wenn wir uns zu sehr verbiegen.

Dass man mit jeder Fähigkeit Geld verdienen kann, zeigt die Erfolgsstory mit den Boshy-Mützen. Zwei Freunde sahen im Skiurlaub einer Oma zu, wie sie Mützen häkelte. Du weißt, was daraus entstand. Heute gibt es in Deutschland kaum ein Kaufhaus, wo es keine Boshy-Mützen zu kaufen gibt. Dann kam die spezielle dicke Wolle auf den Markt und sogar Bücher mit

Häkelanleitungen. Es ist möglich, innerhalb eines Jahres ein eigenes Geschäft aufzubauen. Es ist möglich, einen Wechsel der Arbeitsstelle zu wagen. Wenn wir unsere Talente ausspielen, kann es nur besser werden. Unser Sozialsystem bietet genügend Möglichkeiten, wie Überbrückungsgeld oder Existenzgründerzuschüsse, um Durststrecken zu überstehen.

Eine gute Planung ist dabei wichtig. Mach´ den Plan nicht für die Ämter, nicht für die Bank, sondern nur für Dich! Privates Coaching ist möglich. Suche Dir einen Mentor, der selbst sehr erfolgreich ist. Es kann Dir auch jemand helfen, der selbst Unternehmer war. In vielen Städten helfen Wirtschaftssenioren und geben gern Ihre Erfahrungen an die Jugend weiter.

Die Industrie- und Handelskammer (IHK) bietet Existenzgründerschulungen. Es gibt unendlich viele Möglichkeiten, die kaum eine Ausrede zulassen, nicht das zu tun, woran man Spaß hat.

„Wenn jemand „Nein" sagt, fühle ich mich schlecht".

„Dein Tisch wartet schon auf Dich!" sagte ein Angestellter in einem Café an der Strandpromenade in Lanzarote zu mir. Mit diesem Satz schaffte er es, mich zum Lachen zu bringen und es verging kaum ein Tag meines Urlaubs, dass ich nicht bei ihm einkehren musste, um zu beobachten, wie er mit „Nein's" umgehen kann.

Es war erstaunlich, mit wie viel Freude er die Passanten in sein Café einlud. Selbst nach jeder Ablehnung musste er lachen. In hoher Geschwindigkeit hatte er eine Vielzahl seiner Produkte aufgezählt, „lovely cakes, icecream, wonderful Cappuccino, enjoy the wonderful wiew!, here is your place of happiness!, Sandwiches, Coctails".

Durch diese absurde Vorstellung, schon zum Frühstück an Coctails zu denken, mussten nahezu alle Passanten lachen und er natürlich auch. Er hat sich vom ersten „no, thank you" nicht abwimmeln lassen. Mit liebenswerter Hartnäckigkeit blieb er dran und hat sie gefragt, ob sie im Urlaub sind und warum sie nicht einen Kaffee genießen wollen. Erstaunlich oft, ist es ihm dann doch gelungen, die Leute am vorbeirasen zu hindern.

„Wow", dachte ich, „da kann man sich eine Scheibe abschneiden". „Der hat Freude an „Neins" und sieht das sportlich".

Ich vermied früher gern Telefonate, aus Angst ein „Nein" zu bekommen. „Wenn ich Nein sage, heißt das Nein!" höre ich noch heute meinen Vater mit wütender Stimme ausrufen. Gepaart mit strafendem Blick war das für mich ein Signal, das keine Widerrede akzeptiert worden wäre. Er wollte Konsequenz zeigen, auch wenn er auf die Frage „warum" keine Antwort gewusst hätte.

Für mich war also ein „Nein" bis zu meinem 50. Lebensjahr eine ziemlich dramatische Geschichte, die so endgültig erschien. Erst als ich begann da mal näher hinzuschauen, wurde ich mutiger. Es entspricht nicht der Wahrheit, dass ein „Nein" nicht umzuwandeln ist.

Ein guter Verkäufer sagt: „Erst mit einem „Nein" beginnt der Verkauf!"

Ein „Nein" hat auch nichts mit unserer Person zu tun. Ein guter Verkäufer weiß, dass es immer einen bestimmten Prozentsatz von Menschen geben wird, die aus Angst, etwas falsch zu machen grundsätzlich erstmal „nein" sagen. Das ist ganz normal. Jedes „Nein" kann zu einem späteren Zeitpunkt durchaus ein „Ja" werden.

In einer anderen Stimmungslage sagt der gleiche Mensch vielleicht das nächste Mal „ja".

Je erfolgreicher Du bist, desto mehr „Neins" wirst Du erhalten, weil Dein Bekanntheitsgrad zunimmt. Je bekannter Du bist, desto mehr Neider wirst Du haben. Das lässt sich nicht vermeiden, egal wie edel und ethisch Du handelst. Es lohnt sich, das zu akzeptieren. Ein begründetes „Nein" gibt Dir die Chance etwas in der Zukunft besser zu machen.

Wenn wir aus Angst vor „Neins" nicht anrufen, tappen wir im Dunkeln. Diese Ungewissheit und unsere zögerliche Haltung nagt viel stärker an unserem Selbstbewusstsein, als eine klare Absage.

Die Welt ist groß. Wir haben genügend Menschen zur Verfügung, die sich über unseren Anruf, unsere Dienstleistung oder unser Produkt sehr freuen würden.

In welchen Situationen im Alltag hast Du Angst vor Ablehnung? Wie kannst Du hier mehr Humor reinbringen? Eine kleine Veränderung kann Wunder bewirken. Ich habe mir angewöhnt, immer Bonbons dabei zu haben. Immer, wenn jemand auf meinen Wunsch mit „Nein" antwortet, versuche ich ihn mit „Ich gebe Ihnen auch einen Bonbon!" aufzuheitern. Es fällt den meisten Menschen schwer, hier ernst zu bleiben und selbst wenn, sie bei dem „Nein" bleiben, hinterlässt der Abgang nicht so ein beklemmendes Gefühl. Oftmals hat sich durch diese kleine Aktion das Blatt völlig gewendet und ich durfte meine Werbeplakate doch aufhängen. Dieser Humorfaktor ist auch durch große Werbegeschenke nicht zu ersetzen. Früher habe ich es mit verschiedensten Mitteln versucht. Kaffee, Kopf-Prämien, - alles hatte nicht die Wirkung, die ich mir erhoffte. Erst der Humorfaktor brachte die Wende.

Meine Visitenkarte war ein 3 Euro Stück.

Das bringt ein Schmunzeln auf die Lippen.

Uns geht es ja genauso. Wir können jemandem kaum eine Bitte abschlagen, wenn er es geschafft hat, uns in einen fröhlichen Zustand zu versetzen. Deshalb ist es wichtig, ein Humor-Repertoire zu sammeln. Ich kann nur sieben Zaubertricks und vier gute Witze, aber es ist erstaunlich, wie viel Freude man Menschen damit machen kann.

Wenn wir wissen, dass alle Kaufentscheidungen emotional getroffen werden, dann wird uns deutlich, welche Bedeutung es hat, unser Gegenüber in diesen fröhlichen Zustand zu bringen.

Auch Bilder können diese Funktionen übernehmen. Achte also bei Deinem Internetauftritt oder bei der Gestaltung von Flyern darauf, ob sie diese Funktion übernehmen, Freude zu verursachen!

Es geht bei Entscheidungen sehr häufig um die Hauptemotionen Freude und Angst. Die meisten Dinge die wir tun oder nicht tun, hängen von diesen zwei Emotionslagen ab. Wir wollen Freude empfinden und Angst vermeiden.

Schaffe ich es, ein gutes Gefühl zu verursachen, das jegliche Ängste überlagert? Wenn zwei Personen ein gleiches Produkt zum selben Preis anbieten, wird der Kunde in der Regel eher bei dem Verkäufer kaufen, der es besser vermag, uns in einen emotional positiven Zustand zu versetzen.

„Ich glaube, ich bin für eine Beziehung nicht geeignet!"

Davon war ich auch jahrelang überzeugt, weil meine Ehe nach 21 Jahren in die Brüche ging und weitere Beziehungen sich mehr oder weniger kompliziert gestalteten. Wenn wir nicht aufpassen, dann wird ein solcher Satz schnell zur selbsterfüllenden Prophezeiung. Falls wir jedoch erkennen, dass unser Partner uns unsere eigenen Schattenseiten aufzeigt, könnten wir mehr und mehr zu der Ansicht gelangen, dass wir sehr wohl zu zweit um ein vielfaches stärker werden können, als allein.

Der Diplom-Psychologe Robert Betz spricht in diesem Zusammenhang von den sogenannten „Arsch-Engeln". Sie treten in unser Leben, um uns unsere Unzulänglichkeiten zu zeigen. Natürlich wäre es wünschenswert, wenn beide den Wunsch in sich verspüren, an dieser Reibung zu wachsen. Früher habe ich auf Kritik sehr allergisch reagiert.

Heute bin ich dankbar, wenn mir meine Partnerin sagt „Willst Du wieder brav sein?", wenn sie spürt, ich mache etwas nur, um ihr zu gefallen.

Sie kennt meine Muster und weiß, ich will ja was ändern. Deshalb ist es für mich unmöglich beleidigt zu sein. Sie wäre für mich nicht so wertvoll, wenn sie meine Macken verschweigen würde. Wie sollen wir sonst merken, wenn ein altes Muster unser Handeln bestimmt? Wir brauchen diesen ehrlich gemeinten Austausch.

„Friede, Freude, Eierkuchen" bringt uns nicht weiter. Ein Partner ist nicht dazu da, mir nach dem Mund zu reden.

„Mein Partner sollte sich mehr um mich kümmern!"

Ein Partner ist auch nicht dazu da, meine Erwartungen zu erfüllen. Erwarten hat den Wortstamm „warten". Warten bringt nur Stress. Jeder weiß, dass es keinen Spaß macht einer Frau Blumen mitzubringen, nur weil sie schon fünf Mal erwartet hat, dass Du ihr Blumen mitbringst und sie Dir das mit Vorwürfen schon mehrmals eingefordert hat. Wie viel mehr Freude macht es Dir, Deinem Partner eine Überraschung zu machen, ohne dass irgendeine Erwartung vorausging? Sich von dem Gedanken frei zu machen „Ich brauche den Partner, weil ich sonst allein nicht zurechtkomme" macht das Leben um vieles schöner. Spüre mal in das Wort „brauchen" hinein. Das fühlt sich nach „eigener Behinderung" an. „Mein Partner soll sich mehr um mich kümmern". Spüre mal in das Wort „kümmern" hinein. Welche Gefühle wird wohl ein solcher Vorwurf bei dem Partner auslösen? Welche Gefühle löst bei mir der Gedanke aus „Mein Partner sollte sich mehr um mich kümmern?" Tut mir dieser Gedanke gut? Wenn ich den Gedanken völlig umdrehe und denke „Ich will meinem Partner eine Überraschung machen" geht's da nicht allen gefühlsmäßig besser?

„Die Menschen sind ja so dumm!"

„Ich habe dem jetzt schon 100 Vorschläge gemacht, aber der setzt einfach nichts um!" Nach dem Lesen dieses Kapitels ertappen wir uns im Alltag dabei, wie oft wir in der Bewertungsschiene sind. Mir zumindest war es nicht bewusst, wie häufig ich Andere bewerte, obwohl es mich gar nichts angeht, wie Andere ihr Leben führen. Menschen sind dankbar für gute Ideen, wenn wir im Gespräch mit Freunden dazu animiert werden. Darum geht es nicht. Unter Bewertung, die uns schadet verstehe ich, wenn wir alles und jeden gern durch den Kakao ziehen, lästern, hinter dem Rücken reden oder schnell etwas oder jemanden in professionell oder unprofessionell einordnen. Wenn wir bewerten oder verurteilen, stellen wir uns auf eine höhere Stufe. Wir denken, dass wenn wir uns als schlauer präsentieren, dass das irgendjemand honoriert. Manchmal schaffen wir es ja sogar, dass Freunde mit einstimmen in die Tetterei und Lästerei. In der Regel stößt es uns aber eher von Anderen ab. Keiner will auf Dauer mit einem notorischen Besserwisser zu tun haben.

Worin liegt die Ursache, dass wir so gern bewerten? Wir wurden selber bewertet. Wir wurden durch Eltern und Schule so häufig zum Objekt gemacht, das so, wie es ist, nicht in Ordnung ist. Die einzige Chance, die wir als Kinder hatten uns dagegen zu wehren, war, auch zu bewerten. Wir haben dann „Blöde Mama!" gesagt. Manchmal im Stillen und manchmal auch in jähzorniger

Lautstärke. Dieses Bewerten wurde dann zur Angewohnheit. Keiner hat uns darauf aufmerksam gemacht, dass wir selber liebenswert genug sind, und Verurteilungen oder Bewertungen gar nicht nötig haben.

Je heftiger uns jemand durch sein Verhalten „auf die Palme" bringt, desto stärker ist in uns noch ein Muster aktiv, welches der Andere uns gerade spiegelt. Vielleicht arbeiten wir selbst gelegentlich unprofessionell, ineffektiv oder unordentlich. Wem nutzt Besserwisserei oder Bewertung? Niemandem. Kluge Ratschläge, von jemandem, der nur redet, will niemand hören. Dagegen ist Vorbildwirkung etwas, was eine inspirierende Wirkung haben kann. Vorbildwirkung bringt den Anderen in seine Kraft, wenn er Dir nacheifern will. Es ist also nicht egoistisch, wenn wir unsere Energie lieber für unsere eigene Persönlichkeitsentwicklung einsetzen. Eine sich selbst liebende, ausgeglichene Person hat Verurteilung und Bewertung nicht nötig. Frau Dr. Bock empfiehlt in ihrem Buch „Mind Fuck" Bewertung einfach durch Neugierde zu ersetzen. Wenn wir denken „das ist interessant, dass das auch funktioniert" ist die gleiche Situation gefühlsmäßig viel entspannter.

„Das können wir uns nicht leisten"

Diese Aussage beendet jeden weiteren Gedankengang. Das ist noch schlimmer, als eine Bremse. Das ist ein Stoppschild mit hoher Mauer. Wie soll ein Kind Kreativität entwickeln, wenn es solche Aussagen öfter hört? Im Moment ist es vielleicht finanziell tatsächlich nicht möglich, sich die eine oder andere Anschaffung zu leisten. Der kleine Zusatz „Im Moment" hält die Möglichkeit offen, Lösungen zu finden. Wenn uns etwas wirklich wichtig ist, werden wir auch Lösungen finden.

Wir kommen später noch auf den Stellenwert von intelligenten Fragen zu sprechen. Nur, weil wir in unseren bewussten Gedanken gerade keine Lösung haben, heißt es noch lange nicht, dass unser Unbewusstes keine Lösung entwickeln kann.

Kreativität wird durch die richtigen Fragen in Gang gesetzt. Unser Unterbewusstsein kann nur Lösungen finden, wenn es gute Fragen bekommt.

Um eine Vorstellung davon zu bekommen, wie riesig unser Unterbewusstsein im Vergleich zum Bewusstsein ist, formulierte Vera F. Birkenbihl sinngemäß die bildhafte Vorstellung: Wenn das Bewusstsein eine

Taschenlampe von 15 mm Durchmesser wäre, könnte dieser Lichtkegel 11 km in alle Richtungen im Unterbewusstsein nach Lösungen suchen.

Quelle: Best of Birkenbiehl, youtube

„Ich muss doch meine Familie ernähren, ich kann jetzt noch nichts ändern!"

Das höre ich sehr häufig in meinen Seminaren und Coachings.

Wenn der Schmerz groß genug ist, dann wirst Du etwas ändern!

Dazu ein Beispiel: Ich hatte bei einer gesetzlichen Krankenkasse als Sportlehrer im Bereich Gesundheitsförderung gearbeitet. Dann ist die Gesundheitsförderung aus dem Leistungskatalog der gesetzlichen Kassen gestrichen worden und wir sollten nur noch Mitglieder abwerben. Ich war zwar dabei recht gut, aber mein Chef bekam den Hals nicht voll. Zudem war er ein Choleriker und schrie mich laufend an, was ich den ganzen Tag nur machen würde und wo die Aufnahmeanträge blieben. Eine ganze Weile hielt ich das aus. Als ich dann sogar in meiner Urlaubszeit ins Büro kam und für ihn einen Serienbrief schrieb, der dringend verschickt werden musste, passierte das, was ich als großen Schmerz bezeichne. Als ich fast 300 Briefe „eingetütet" hatte, entdeckte er in dem Brief einen kleinen Schreibfehler. „Nochmaaal machen!" schrie er mich an.

Da platzte mir der Kragen und ich schrie so was Ähnliches wie „Du kannst mich mal" zurück und schmiss die Tür im wahrsten Sinne des Wortes hinter mir zu. Für Immer!

Einer meiner Arbeitskollegen rief mich noch denselben Abend zu Hause an. „Komm zurück, Du wirst doch nicht so einen gut bezahlten Job einfach hinschmeißen!" Doch, werde ich. Das Maß war voll. Der Schmerz war groß genug. Mit dieser unermesslichen Wut im Bauch startete ich mit unglaublicher Energie meine Schwimmschule. Wir hatten kurz zuvor ein Haus gekauft. Ich musste also schnell Geld verdienen. Ich startete in dem Kindergarten meiner Töchter mit einem Aushang, dass ich jetzt einen 1 Wochen Schwimmkurs anbiete. Ich hatte das vorher noch nie gemacht! Ich war zwar Leistungssportler im Schwimmen, aber Kurse hatte ich noch nie abgehalten und schon gar nicht in einer Woche. Glücklicherweise hat das durch meine enorme Motivationslage gleich geklappt und ich wurde schnell weiterempfohlen. Damals war die Methode noch äußerst schlecht, aber die Energie in mir riss alles raus.

Ich hatte gehört, dass es Überbrückungsgeld geben würde, für Menschen, die sich selbständig machen wollen. Also ging ich zum Arbeitsamt. Die zuständige Dame wollte dann von mir eine Menge Unterlagen. Ich sollte diese besorgen und wiederkommen. Das tat ich nie. Ich hatte schon Schwimmkurse geplant und hatte keine Zeit zum nächsten Termin zu kommen. Also verzichtete ich auf jegliche Unterstützung und hatte den Kopf frei, mich ganz und gar auf mein Geschäft zu konzentrieren. Ich musste. Das war mein Glück. Hätte ich Bezüge bekommen, wäre ich vielleicht nur mit halber Kraft an den Aufbau der Garantie-Schwimmschule gegangen und wäre gescheitert. Im Nachhinein bin ich sowohl meinem ehemaligen Chef dankbar, dass er mich damals so gequält hatte und auch dieser Frau im Arbeitsamt. Anfänglich war das natürlich anders. Eine Mischung aus Hass und Wut ließ mein Herz bis zum Hals schlagen, wenn mein ehemaliger Chef auch nur von weitem zu sehen war. Ich konnte ihm weder in die Augen schauen, noch grüßen. Dieser Hass löste sich erst Jahre später auf und wandelte sich in Dankbarkeit. Für diesen Umwandlungsprozess war eine Erfahrung im „Pallas – Seminar" sehr hilfreich.

Alfred R. Stiehlau Pallas (www.pallas-seminare.de) ist ein Trainer im Bereich Persönlichkeitsentwicklung, der Ein-Jahres-Seminare anbietet. Ich nahm damals gemeinsam mit meiner ersten Frau daran teil. Zum Thema „Vergebung" sollten wir 20 positive Dinge aufschreiben über den Menschen, den wir am meisten hassen. Nach anfänglicher Skepsis, überhaupt etwas Gutes an diesem Choleriker zu finden, gelang es tatsächlich. Er war durchschaubar. Er war ehrlich. Er hatte auch Fassetten in sich, die ihn nett erscheinen ließen. Er setzte sich für seine Kunden mit allen ihm zur Verfügung stehenden Mitteln ein. Er organisierte Feiern zur Kollektivbildung und so weiter.

Diese Methode hat mir also sehr geholfen, meinen Groll in Bezug auf diesen Menschen aufzulösen. Heute kann ich ihm auf der Straße begegnen und wir lachen gemeinsam über die damalige Situation. Die negativen Emotionen sind verschwunden. Nochmal zurück zu dem Glaubenssatz „Ich muss doch meine Familie ernähren, ich kann doch jetzt nichts ändern":

Ob nun ohne Überbrückungsgeld oder mit, es wird eine völlig andere Energie entstehen, wenn wir unsere eigene Idee umsetzen. Diese Energie ist die Basis, dass es unweigerlich eine Verbesserung im Vergleich zu einer ungeliebten Tätigkeit geben wird. Das Leben ist sehr kurz. Meine Schwester ist mit 35 Jahren bei einem Verkehrsunfall ums Leben gekommen. Das war der Zeitpunkt, an dem ich innerlich die Entscheidung getroffen hatte, schwerpunktmäßig nur noch das zu tun, was mir Freude bereitet. Jeder hat Angst vor Veränderung. Manche denken sogar, dass sie unter der Brücke landen, wenn es schief geht. Realistisch betrachtet ist das in Deutschland kaum möglich. Wir können akzeptieren, dass es bei jeder Veränderung einen Punkt der Unsicherheit und Instabilität gibt, der sich nicht sehr gut anfühlt. Dann ist es wichtig sich täglich vor Augen zu halten, warum ich die Veränderung in den Gang gesetzt habe. Manche können sich durch ein Ziel motivieren und manche eher damit, was sie auf keinen Fall mehr wollen. Beides hilft.

„Schuster bleib' bei Deinen Leisten!"

Wie viele Menschen schlittern in eine ungeliebte Tätigkeit hinein? Manche haben sich durch die Meinungen der Eltern beeinflussen lassen. Manches wurde uns ausgeredet, mit dem Argument, dass sich da kein Geld verdienen lässt. Wenn der Notendurchschnitt nicht für unseren Traumjob taugte, haben wir eine Alternative gewählt. Natürlich werden wir auch gut in dem, was wir über einen längeren Zeitraum tun und wir gewöhnen uns daran. Wenn unser Herz aber in Wirklichkeit nach etwas Anderem schreit, sollten wir einen Wechsel wagen. Es ist möglich, innerhalb von einem Jahr zum Experten in einer neuen Branche zu werden, wenn das Feuer in uns wirklich brennt. Wir wachsen über uns hinaus, wenn uns etwas wirklich begeistert. Jedes gute Geschäft braucht unsere Ausdauerfähigkeit damit es gut werden kann. Diese Ausdauer werden wir nicht haben können, wenn es nicht zu uns passt. Woher soll die Energie kommen, auch in schwierigen Phasen nicht aufzugeben? Sie kann nur kommen, wenn wir für die Idee brennen. Es wird immer Menschen geben, die sich wundern werden, wenn wir plötzlich etwas Neues anfangen. Lass' Dich nicht bremsen. Es geht nur um Deine Energie und Deine Lebensfreude.

Du fängst ja nicht bei „Null" an, wenn Du Deinen Tätigkeitsbereich wechselst. Nimm die Talente mit und setze sie dort ein, wo Du Dich wirklich wohl fühlst.

„Schuster bleib' bei Deinen Leisten" kann sich positiv betrachtet also nur auf die Talente beziehen, oder ist eine veraltete Ansicht, die nicht mehr zu unserer heutigen schnelllebigen Zeit, die Flexibilität erfordert, passt.

„Ich bin ein Sicherheitsdenker!"

Unter der Lupe betrachtet würde das heißen, ich habe nicht das Selbstbewusstsein, in vielen Bereichen wertvoll und nützlich sein zu können, deshalb suche ich mir lieber einen Job, der nicht unbedingt meinen Neigungen entspricht, aber mir eine scheinbare Sicherheit bietet. Da dieser „Beamten-Posten" für den Aufbau meines Selbstbewusstseins nicht unbedingt förderlich ist, entsteht daraus ein Teufelskreis. Ich kann mich dann von diesem Glaubenssatz schwer lösen.

Mögliche Ursachen für mangelndes Selbstbewusstsein sind Überforderung im Kindesalter. Wenn all zu oft Dinge nicht gelingen, kratzt es am Selbstbewusstsein. Überbehütung ist auch nicht gerade förderlich. Eltern wollen für ihr Kind in der Regel das Beste. Sie wollen, dass es ihnen leichter geht. Deshalb kommt es vor, dass sie Vorschläge für das Kind machen wollen, was aus ihrer Sicht ein attraktives Sicherheit bringendes Betätigungsfeld sein könnte.

Ich habe bei einem Gesangsworkshop vom Robin-D. teilgenommen. Ihr kennt ihn sicher aus dem Fernsehen als Gesangscoach der Casting-Show „Pop-Stars". Da sitzt mir in der Mittagspause ein 14 jähriges Mädchen gegenüber, die von allen Teilnehmern meiner Meinung nach ein unglaubliches Talent zum Singen besitzt. Sie sagte zu mir: „Es ist schade, dass man mit der Musik schwer Geld verdienen kann!" Sie war also schon in ihrem Alter negativ beeinflusst worden mit Verallgemeinerungen, die ja nicht wahr sind. Zum Glück hat dann ein Manager von den Erlebnissen seiner Tochter erzählt, die über Robin-D. und dessen Verbindung zum Beispiel zur Peter Maffay-Stiftung auf großen Bühnen zunächst ohne Gage vor großem Publikum ihre Chancen bekam und daraufhin schon im Alter von 15 Jahren gut bezahlte Auftritte die Folge waren. Wenn man wirklich für die Musik brennt und bei absoluten Profis in die Lehre begibt, dann wird es auch gelingen, Geld zu verdienen, wenn man über entsprechendes Talent verfügt.

Absolute Sicherheit gibt es nicht. Selbst große Geldsummen bringen keine Sicherheit, wenn wir an Inflation oder Kriege denken. Das Einzige, was uns Sicherheit bietet, ist das Wissen über unsere Fähigkeiten. Das Selbstbewusstsein, immer etwas mehr geldwerten Nutzen bringen können, als wir zu Leben benötigen, bringt die wahre Sicherheit. Deshalb fallen Unternehmerpersönlichkeiten nach einer Krise in der Regel wieder auf die Füße und starten das nächste Geschäft oft mit noch größerem Erfolg.

Wenn ich kein Risiko eingehe, kann ich auch keine großen Früchte ernten. In der Geschäftswelt gilt, je größer das Risiko, desto höher ist der mögliche Gewinn. Donald Trump, einer der reichsten Menschen der Welt sagt sinngemäß, dass es wesentlich leichter ist etliche

Millionen für den Bau eines Wolkenkratzers in New York von den Banken zu bekommen, als eine kleine Summe für den Bau eines Einfamilienhauses. Wenn die Idee, die Du hast, gut und nützlich ist, entscheidet die Höhe Deines Selbstbewusstseins darüber, ob Du kalkulierte Risiken eingehst. Da ist der Glaubenssatz „Ich bin ein Sicherheitsdenker" nicht gerade förderlich. Die Zeit für „Du bist noch zu klein" ist Vergangenheit. Du bist erwachsen und kannst nicht von der Erde fallen. Manchmal hilft die Frage: was kann schlimmstenfalls passieren (worst-case-Szenario)? Uns wurde die Möglichkeit zum Denken gegeben, damit wir uns weiterentwickeln können. Weiterentwicklung ist nur möglich, wenn wir Altes loslassen und Neues beginnen. Das birgt immer ein Risiko in sich. Der Sicherheitsdenker in uns ist nicht grundsätzlich schlecht. Es ist eine Fassette, die uns die Möglichkeit gibt Risiken nicht blind, sondern kalkuliert einzugehen.

Unser Gehirn ist ein Fassetten-Mischpult. Wir sind zum Glück nicht nur der Sicherheitsdenker, sondern in einem anderen Moment vielleicht auch der Kreative. Es gibt Situationen, da ist vielleicht die Fassette des Bühnenmenschen gerade aktiv und manchmal ist es sinnvoll seinen inneren Skeptiker zu aktivieren. Wir können erkennen, dass wir steuern können, in welcher Situation welche unserer Fassetten nützlich ist, oder unangebracht. Bevor wir unseren Großdenker aktivieren, mag es sinnvoll sein unsere neue Zielgruppe genauer kennenzulernen und zu fragen, zuzuhören, also unseren inneren Psychologen einzusetzen.

Die Kunst liegt darin, zu spüren, welche Fassette von uns gerade aktiv ist. Wenn wir erkennen, dass in der jetzigen Situation eine andere Fassette von uns angebrachter wäre, brauchen wir einfach nur einen anderen Regler an unserem Mischpult aktiv schalten um die anderen Stimmen in uns leiser werden zu lassen.

„Ich kann nur unter Druck gute Leistungen vollbringen"

Nicht selten kam eine Mutter auf mich zu und wollte mir einreden: „mein Kind braucht immer ein wenig Druck, sonst macht es gar nichts. Das war auch schon beim Ballettunterricht so".

Das Kind ist gerade mal fünf Jahre alt und hat aus meiner Sicht nie die Zeit bekommen, Eigenmotivation zu entwickeln. Ich werde nie mit einem Kunden streiten und denke mir meinen Teil. Allenfalls sage ich dann lächelnd „Ich mach' das schon!".

Es gibt kaum ein besseres Beispiel zu veranschaulichen, dass Druck sich nur negativ auswirken kann, als beim Thema „Schwimmen lernen". Mit dem Element Wasser zurecht zu kommen, hat nichts mit Mut oder Überwindung zu tun, sondern mit ganz konkreten Einzelfähigkeiten, die es zu erlernen gilt, damit das Schwimmen in seiner Gesamtheit gelingen kann. Ohne eine bestimmte Atemtechnik zu beherrschen, führt der Versuch schwimmen zu wollen, bei nahezu jedem Menschen zum sicheren Tod. Die Äußerung, dass das Wasser trägt, ist schlichtweg falsch, denn wenn ich vorher versehentlich ausgeatmet habe, wenn ich reingeschupst wurde, gehe ich unter wie ein Stein. Da trägt gar nichts. Demzufolge ist eine Angst sehr wohl berechtigt. Diese Angst lässt sich durch Druck in keinem Fall nehmen. Kinder entwickeln früher oder später Eigenmotivation, wenn sie lange genug an der Freude teilhaben dürfen, die die anderen Kinder beim Lernprozess haben.

Der Fachbegriff hierfür ist das „Lernen am Modell" Ein Psychologieprofessor der Universität in Bamberg hat mal zu mir gesagt: „Wir sind nicht der liebe Gott, der entscheidet, ob eine erlernte Fähigkeit für ein Kind gut oder schlecht ist. Deshalb ist es sinnvoll jeden, in unserem Maßstab noch so kleinen Lernfortschritt, anzuerkennen und zu loben." Das habe ich mir zu Eigen gemacht und erziele mit dieser Strategie immer die besten Erfolgserlebnisse.

Wer weiß, was bei mir der Auslöser war, dass ich auch manchmal das Gefühl habe, Druck zu brauchen, um in die Gänge zu kommen. Im Moment habe ich dieses Gefühl nicht, weil ein Buch ja nicht am Vorabend des Abgabetermins zu schreiben ist. Eher fühle ich beim Erarbeiten der einzelnen Kapitel eine große innere

Freude, sich selbst besser kennenzulernen und die Vorfreude, dass dies auch Anderen gut tun wird.

Lernen am Modell (oder auch Modell-Lernen oder Modelllernen) bezeichnet eine kognitivistische Lerntheorie. Es werden darunter Lernvorgänge verstanden, die auf der Beobachtung des Verhaltens von menschlichen Vorbildern beruhen. (Quelle: Wikipedia)

Eine mögliche Ursache, dass wir dazu neigen, etwas erst am Vorabend des Termins zu erledigen, kann darin liegen, dass wir als Kind zu oft gehört haben „Du bist so faul!" oder „Immer machst Du alles auf den letzten Drücker!" Wenn solche Suggestionen uns zu oft treffen, können sie zu unserer Persönlichkeit werden. „Nie hörst Du auf mich!" setzt die überforderte Mutter noch eins drauf und das Kind handelt später irgendwann genauso! „Auf keinen Fall höre ich auf meine Mutter!"

„Kannst Du nicht endlich mal besser planen?" Du kennst die endlose Liste von Vorwürfen. Diese Verallgemeinerungen entsprechen ja keinesfalls der Wahrheit. Dinge, die uns wirklich wichtig sind, können wir sehr wohl gut planen. Besonders wenn Spaß eine Rolle spielt, sehen wir, wie leistungsfähig wir plötzlich werden.

Ich denke auch an die letzte Woche vor dem Urlaub. Jetzt können wir sehr wohl gut planen und unheimlich viel erledigen. Wer ein Instrument spielt, weiß, dass durch die Freude und den Wunsch ein gerade gehörtes Lied aus dem Radio spielen können zu wollen, es gar keiner Planung bedarf, weil wir uns gar nicht erinnern müssen zu üben, wir tun es einfach.

Druck erzeugt Gegendruck. Jedes Kind wird nach einer Lösung suchen, diesem Druck von außen zu entfliehen. Anfänglich probiert es Rebellion aus. Wenn das nicht gelingt, weil Eltern oder Umwelt zu dominant sind, ist eine Möglichkeit dem Druck auszuweichen, sich selber zu verletzen. Wenn ich eine Schürfwunde habe oder ein gebrochenes Bein, brauche ich das nicht zu machen, was meine Eltern wollen.

Wenn wir als Eltern oder Erzieher wollen, dass unsere Kinder ihr Potential wirklich entfalten, ist es unsere Aufgabe, so lange wie möglich ein Umfeld zu bieten, in dem das Kind nicht unter Druck gerät. Das unfertige Gehirn kann nicht Schritt für Schritt lernen, wenn es durch Druck gestört wird.

Druck verhindert Neugierde. Druck lässt das Kind lediglich nach Lösungen suchen, wie es diesem Druck entkommen kann. Nach Rebellion kommt eine noch schlimmere Lösung: Es sagt „Mathe liegt mir nicht" oder „dafür bin ich zu blöd". Das ist die Lösung, den ständigen Vorwürfen oder schlechten Noten zu entfliehen. Eine grausame Lösung, aber dem Kind fiel nichts mehr anderes ein.

Der Gehirnforscher Professor Dr. Gerald Hüther erklärt in seinem Vortrag „Sind wir Kinder der Liebe?" sehr eindrucksvoll, dass der Nachteil unseres lernfähigen Gehirns im Unterschied zum eher genetisch vorprogrammierten Gehirn eines Tieres darin besteht, dass es unfertig und damit sehr „formbar" ist. Eine Sicherheit bringende, liebevolle Bindungsbeziehung ist förderlich, damit Kinder lebenslang neugierig bleiben. Ein rein autoritärer Erziehungsstil, der dem Kind keine Möglichkeit lässt eine andere Meinung zu äußern, muss dazu führen, dass das kindliche Gehirn frühzeitig Notprogramme aufbaut. Diese schränken Kreativität und Neugierde unweigerlich ein. Jedes neugeborene Kind hat eine Urerfahrung gemacht. Es ist möglich gleichzeitig verbunden zu sein und sich wunderbar frei entwickeln zu können. Das war im Mutterleib der Fall. Da gab es noch keinen Druck. Mutter und Kind waren Eins. Eine Subjekt - Subjektbeziehung existierte. Es gab keine Vorwürfe, keine Bevormundung, keine Erziehung, keine Bewertung, keine Bestrafung, keine Subjekt – Objektbeziehung. Das waren die besten Umweltbedingungen, die wir je hatten, um uns optimal zu entwickeln.

„Ich habe das Gefühl, dass meine Arbeit nicht entsprechend anerkannt wird"

Das Lechzen nach Anerkennung und Aufmerksamkeit ist auch ein Produkt unserer Erziehung. In den ersten Lebensjahren wird der Grundstein dafür gelegt, ob wir grundsätzlich mit uns selbst zufrieden sind. Wenn wir über Jahre hinweg keine bedingungslose Liebe erfahren haben, ist es nicht verwunderlich, dass wir uns noch als Erwachsener dabei ertappen, uns die Anerkennung erkaufen zu wollen.

Wir manipulieren, übertreiben, wollen mehr scheinen als sein. Wir begehen lieber Dummheiten um Aufmerksamkeit zu erhaschen, als mit der Qualität unserer Arbeit zu punkten.

Die Bewunderung, nach der man sich so sehr sehnt, erwächst jedoch vielmehr durch Authentizität und Ehrlichkeit als durch Manipulation.

Meine Eltern haben durch ihre Eltern vermutlich auch nicht die Wertschätzung erhalten, die sie sich als Kind gewünscht hätten. Möglicherweise war das der Grund, dass sie häufig Situationen und Zustände in ein besseres Licht stellten.

Dieses Muster habe ich dann eins zu eins übernommen. Es dauerte sehr lange, bis ich „Erwachsen" wurde und mir diese Muster auffielen. Zum Glück gibt es gute Freunde und gute Bücher, die Dir solche Muster vor Augen führen.

Wenn Andere sich so komisch benehmen, fällt es uns sofort auf. Wenn wir uns besser darstellen, als wir sind, merken wir es komischerweise nicht.

Unter jedem Brief meiner Eltern stand: „Deine lieben Eltern". Hallo, hallo, - wer entscheidet, ob man den Anderen als liebenswert einstuft oder nicht? So etwas ist mir schon sehr frühzeitig aufgestoßen, aber ich habe nie etwas dazu gesagt.

Wenn meine Eltern bei Bekannten von uns Kindern erzählt haben, dann geschah das nicht wahrheitsgetreu, sondern war häufig mit Übertreibungen geschmückt, um im besseren Licht dazustehen. Es genügte nicht zu sagen: Unser Sohn hat eine Schwimmschule, sondern „Er tritt in die Fußstapfen von Dr. Gerhard Lewin" (der damals ein sehr anerkannter Trainer im Leistungssport gewesen ist).

Wir wissen, wozu Schönfärberei gesamtgesellschaftlich führen kann, wenn wir an die wirtschaftliche Lage damals in Ostdeutschland denken.

Etwas dazu zu dichten, was nicht der Wahrheit entspricht, ist für niemanden gut. Wir sind nicht blöd und merken ganz genau, dass wir uns selbst belügen. Auch unser Gegenüber spürt, ob Worte und Realität voneinander abweichen.

Den Druck, dem wir heute ausgesetzt sind, haben wir uns künstlich geschaffen. Wir bekommen gelehrt, uns besser darzustellen, als wir wirklich sind. Es gibt sogar Trainings „Wie bewerbe ich mich richtig" Doch die Realität holt einen dann wieder ein, spätestens dann, wenn der Arbeitgeber feststellt, dass wir Schönfärberei betrieben haben. Wenn er das nicht bemerkt, dann merken wir es in Form von Stress und Überforderung. Der Frust kann sehr groß werden, wenn wir feststellen, dass wir den Anforderungen der Firma nicht gewachsen sind.

Das Buch von Erich J. Lejeune „Lebe Ehrlich, werde reich" beleuchtet das Thema Ehrlichkeit in Bezug auf beruflichen Erfolg sehr tiefgründig. Oft herrscht die

Meinung vor, dass man nur mit starken Ellenbogen erfolgreich sein kann. Das genaue Gegenteil ist der Fall. Eine Firma kann niemals wachsen, wenn die Mitarbeiter dem Gründer nicht ein Mindestmaß an Vertrauen entgegenbringen können. Echte Anerkennung bekommen wir nicht durch Statussymbole, große Autos, Häuser oder Yachten sondern durch Ehrlichkeit und liebevollem Umgang mit unseren Mitmenschen.

Meine Eltern mögen es mir verzeihen, wenn ich hier Manches so deutlich anspreche. Auch sie waren in den Mustern gefangen und nicht perfekt, niemand ist das. Im Prinzip kann ich ihnen auch wieder dankbar sein. Wenn wir alle glücklich und zufrieden in Harmonie und Ausgeglichenheit leben würden, wäre dieses Buch ja überflüssig.

In der Generation meiner Eltern, die gezeichnet war von Hunger und Krieg, ging es ums blanke Überleben. Es war überlebenswichtig, sich unterordnen zu können. Wer zwei gesunde Hände hatte, musste beim Wiederaufbau helfen, egal, ob es seinem Talent entsprach. Zum Glück haben wir heute auch mehr Zeit und mehr Möglichkeiten an unsere Lebensqualität zu denken.

„Man muss sich durchbeißen!"

„Beiß die Zähne zusammen!" oder „Reiß Dich am Riemen!" Wer hat das nicht irgendwann schon mal gehört? Fühle mal in diese Worte hinein! Da ist die Verspannung schon vorprogrammiert! Ich komme aus dem Leistungssport und sicher ist es absolut erforderlich, um Höchstleistungen zu erbringen, die Zähne zusammenzubeißen. Über seine Grenzen hinauszugehen, ist sinnvoll, weil darin Wachstumspotential steckt. Die Kunst eines Trainers liegt aber nicht nur darin zu Höchstleistungen zu motivieren, sondern ein ganz feines Gespür dafür zu haben, wann Phasen der Erholung sinnvoll sind. Eine angefangene Sache auch zu Ende zu bringen ist sicher nichts Schlechtes. Erziehung hat allerdings dazu geführt, dass wir teilweise unsere Gefühle nicht mehr wahrnehmen. So entstehen Missverhältnisse zwischen Spannung und Entspannung.

Das muss zu Nackenschmerzen, Verspannungen und Rückenschmerzen führen. Diese Anzeichen sind eindeutige Warnsignale, dass wir uns zu viel aufgeladen haben oder zu wenige Erholungspausen in unseren Alltag einbauen.

In einem System, wo wir für Stunden bezahlt werden und nicht für Ergebnisse, kostet es sehr viel Mut, seinem Arbeitgeber zu sagen, „ich brauche jetzt eine Pause".

Nur Ehrlichkeit kann hier Veränderungen herbeiführen. Gerade Frauen, die Mehrfachbelastungen ausgesetzt sind, mit Haushalt, Kindern und Beruf sind besonders gefährdet. Sie müssen Lösungen finden, sich Pausen zu gönnen. Klare Absprachen mit dem Partner und mit den Kindern sind notwendig. „Die halbe Stunde von 15:00-15:30 Uhr gehört mir ganz allein, da will ich nicht gestört werden" wäre eine solche Lösung.

Es macht keinen Sinn zu testen, wie lange unser Körper Dauerstress aushält. Wir können uns dem Naturgesetz des Ausgleichs von Spannung und Entspannung nicht widersetzen. Der Körper holt sich diese Entspannungsphase spätestens in Form einer Krankheit, wenn wir nicht auf unsere Gefühle hören.

Rüdiger Dahlke hat hierzu unter anderem das Buch „Krankheit als Weg" geschrieben. Wir erkennen manchmal die Zusammenhänge zwischen Verhaltensmustern und Krankheitsfolgen nicht sofort, weil die Krankheit oft erst sehr viel später zu Tage tritt.

Das ist auch gut so, sonst wären wir vermutlich Dauer-Invaliden. Dauerstress scheint in unserer Gesellschaft Normalität geworden zu sein.

Die Frage ist, müssen wir das wirklich mitspielen? Beim „Pallas Seminar" haben wir eine Entspannungsreise gemacht.

Wir sollten uns vorstellen, dass wir in einem Ballon sitzen und langsam immer höher fliegen. Erst sehen wir nur unser Häuserdach, dann die Straße mit den Menschen, die immer kleiner werden, dann die Häuserdächer der ganzen Stadt. Die Menschen werden zu Punkten, bis sie letztlich ganz verschwinden. Irgendwann wird jedem bewusst, wie sinnlos das Gehetze ist und wie wichtig und unersetzlich wir uns selbst oft nehmen. Auch im Flugzeug wird mir dieser Gedanke immer dann deutlich, wenn ich über Landschaften fliege, die wunderschön sind, wo aber kaum ein Mensch lebt und die Frage nach dem Grundstückspreis niemand stellt.

„Ich kann schwer Hilfe annehmen, ohne diese sofort mit einer Gegenleistung bezahlen zu wollen."

Jeder kennt „bedingte Liebe". Vielleicht wurden wir gelobt und mit einem Eis belohnt. Mein Vater verknüpfte das mit den Worten: „Das hast Du Dir verdient!". Was sollte das?

Sind wir nicht liebenswert genug, um ein Eis zu bekommen, ohne dafür etwas getan zu haben? Wenn wir das Gefühl in uns tragen, alles sofort ausgleichen zu müssen, sind wir in unserer Neugierde eingeschränkt. Wir trauen uns nicht, Fragen zu stellen, weil im Hinterstübchen der Gedanke abläuft: „das ist unfair das zu fragen", weil der Andere sich diese Informationen hart erarbeitet hat.

„Da hast Du kleiner Wicht doch nicht das Recht, diese Informationen einfach kostenlos zu bekommen!".

Noch heute verkneife ich es mir gelegentlich, Andere um Hilfe zu bitten. Ich möchte ihnen nicht zur Last fallen.

Das ging sogar so weit, dass ich Selbstmordgedanken hatte, für den Fall, dass ich mal gesundheitlich nicht mehr eigenständig zurechtkäme. Pflegehilfe würde ich auf keinen Fall in Anspruch nehmen wollen. Der Gedanke, dann ja nutzlos zu sein, war für mich unerträglich.

Zum Glück hat dieser Gedanke nicht bei jedem Menschen diese Priorität, sonst würde sich ja jeder umbringen wollen.

Vom Leben Geschenke anzunehmen fiel mir sehr schwer. Das Leben einfach nur zu genießen und zu feiern genauso. Komischerweise hat ein Baby keine Probleme und kein schlechtes Gewissen Hilfe und Pflege einfach anzunehmen.

Es muss also ein Produkt der Erziehung sein, falls wir denken, dass wir Alles eins zu eins bezahlen müssen. Mir war es lange nicht bewusst, dass das Leben selbst ein großes Geschenk ist.

Wir können unserem Leben einen Sinn geben, müssen aber nicht. Wir haben Glück gehabt, hier geboren zu sein, in einem Land mit unglaublichem wirtschaftlichem Wohlstand, an dem wir teilhaben dürfen.

Wir müssen uns nicht als „Schmarotzer der Gesellschaft" bezeichnen, wenn wir soziale Errungenschaften geschenkt bekommen.

Ich erinnere mich daran, dass ich es strikt abgelehnt habe, mit Krankenkassen zusammenzuarbeiten. Manche Krankenkassen hätten meinen Kunden die Kursgebühr erstattet, weil das in den Bereich der Gesundheitsförderung fällt. Ich wollte das nicht unterstützen, weil ich der Meinung war, dass es ungerecht wäre, wenn manche Menschen diese Dienstleistung kostenlos bekommen, während andere dafür bezahlen müssen. Ich habe die Menschen verurteilt, die nach kostenlosen Angeboten Ausschau halten.

Im Grunde, war dieser Gedanke aber mit Neid verknüpft. Ich habe das früher den Menschen nicht gegönnt, so wie ich mir auch Geschenke nicht gegönnt habe.

So gehen wir mit angezogener Handbremse durchs Leben. Wenn unser Lebenspartner im Lotto 1 Millionen Euro gewinnen würde und uns die Hälfte schenken würde, würden wir kein schlechtes Gewissen haben.

Wir würden den Lottogewinn nicht ablehnen.

Wir würden nicht auf die Idee kommen, jedem, der ein Los gekauft hat, einen Teil zu schenken.

Wir verurteilen aber die Menschen, die sich über einen Gratis-Kaffee freuen, den sie bekommen, wenn sie die Stempel auf ihren Coupons sammeln.

Die Natur stellt keine Bedingungen. Ein Apfelbaum gibt seine Äpfel nicht nur an die Personen ab, die sich das verdient haben. Jeder darf die Geschenke annehmen, die ihm in den Schoß fallen.

Wenn wir also das Gefühl in uns tragen, dass wir etwas nicht verdient haben oder Geschenke schwer annehmen können, liegen die Ursachen in bedingter Liebe oder Schuldzuweisungen.

Da sich keiner gerne schuldig fühlen möchte, haben wir uns angewöhnt, es dem Anderen Recht zu machen. Wir haben uns verbogen. Wir durften nicht so sein, wie wir sind, sondern haben vermutet, wenn wir uns bescheiden geben, werden wir „geliebt".

Dass das nicht der Wahrheit entsprach, konnten wir lange Zeit nicht erkennen. Man konnte uns eine Zeit lang zum Funktionieren bringen, aber mit Liebe hat nichts zu tun. Liebe ist nicht an Bedingungen geknüpft.

In Wikipedia finden wir unter dem Begriff „Liebe" folgende Definition: „Liebe ist im Allgemeinen die Bezeichnung für die stärkste Zuneigung und Wertschätzung, die ein Mensch einem anderen entgegenzubringen in der Lage ist. Nach engerem und verbreitetem Verständnis ist Liebe ein starkes Gefühl, mit der Haltung inniger und tiefer Verbundenheit zu einer Person, die den Zweck oder den Nutzen einer zwischenmenschlichen Beziehung übersteigt."

„Fehlentwicklungen der Liebesfähigkeit sind im Sinne des „reinen" Liebesbegriffes das Besitzdenken (Eifersucht) oder verschiedene Formen der freiwilligen Abhängigkeit bzw. Aufgabe der Autonomie bis hin zur Hörigkeit."

Mit dem Begriff der Liebe wird im Alltag sehr leichtfertig umgegangen. Wir verwechseln Verliebtheit oder Eros mit Liebe. Wir sagen „Ich liebe Dich" ohne zu wissen, dass Liebe erst Liebe ist, wenn wir sie an keinerlei Bedingungen knüpfen.

„Ich fühle mich schuldig"

„Das ist nun der Dank, nachdem wir so viel für Dich getan haben". Wir haben uns Schuldgefühle einreden lassen. „Deinetwegen hat Deine Mutter die ganze Nacht nicht geschlafen!" Menschen neigen dazu, ihre Probleme auf andere abzuwälzen. „Du machst mich krank!" ist eine Aussage, die nicht der Wahrheit entspricht.

Wenn ich Verantwortung für mein Leben übernehmen würde, kann ich mich Situationen entziehen, bei der ich der Meinung bin, dass sie mir nicht gut tun. Wenn ich bedingungslos liebe, brauche ich keine Schuldzuweisungen.

Jemandem ein schlechtes Gefühl einzureden löst eine Kette aus, in der ich keine Gegenliebe erwarten kann. Mein Vater hat mal geäußert: „Wir haben mit unseren Kindern nicht viel Glück gehabt. Ein Kind ist frühzeitig gestorben, die andere wird uns auch nicht helfen und Du wohnst so weit weg!" Ich habe dazu nichts gesagt, aber das tat schon sehr weh.

Liebe durch Schuldzuweisungen erzwingen zu wollen, kann nicht funktionieren.

„Nur, wenn ich Leistung erbringe, bin ich liebenswert"

Ist das wirklich wahr? Oftmals ist ein Lächeln schon so viel wert, weil es bei anderen gute Gefühle auslösen kann. Es sind die einfachen Dinge, die uns liebenswert machen. Pünktlichkeit, Herzlichkeit, Zuverlässigkeit und Ehrlichkeit sind die Charaktereigenschaften, die im Leben wirklich zählen. Leistung klingt nach Anstrengung. Den Lebensunterhalt zu verdienen, darf leicht gehen.

Manche können gut zuhören und werden Psychologe. Manche sind durch ihr Aussehen so gesegnet, dass sie Fotomodell werden. Manche laden zu Retreat-Seminaren ein, weil sie die Stille lieben. Denk nur an Menschen, die eine Segelschule betreiben, weil sie gern am Meer sind. Ich habe zwei Freunde, die leben sehr entspannt als Zauberkünstler und machen jeden Tag Freude, mit Humor und ein paar Tricks.

Hast Du eine angenehme Stimme? Manche werden deshalb in einem Hörbuchverlag engagiert. Manche erben eine große Summe Geld und haben auch kein schlechtes Gewissen, nichts dafür geleistet zu haben.

Wir dürfen Geschenke ohne schlechtes Gewissen annehmen, denn die Welt ist voll davon. Wir haben ja auch kein schlechtes Gewissen, wenn wir von der Natur Pilze oder Früchte bekommen. Sonne bringt uns Energie und wir kommen ja nicht auf die Idee, der Sonne dafür Geld zu geben.

Nur gegenüber Menschen verhalten wir uns so einschleimend. „Ach nein, das kann ich doch nicht annehmen!" Wir wollen bescheiden wirken, weil wir denken, dass wir dann in den Augen des Anderen ein besserer Mensch sind. Dieser Quatsch ist nur Produkt unserer Erziehung.

Wir wurden bestochen. „Wenn Du Dein Zimmer aufräumst, gehen wir zu Mc Donalds. Sonst nicht!" Ein Baby muss nichts leisten und wird so geliebt, wie es ist. In der Schule müsste es ein Unterrichtsfach geben: „Wie kann ich so glücklich wie möglich leben?" Das könnte den bisherigen Grundtenor: „Streng Dich mehr an, damit Du überhaupt einen Job bekommst!" ersetzen.

Auch in der Partnerschaft zeigt sich wahre Liebe in den Momenten, wo Leistung und Geld keine Rolle spielen. Wenn der Partner Deine Stimme vermisst oder die Art, wie Du ihn in den Arm nimmst oder wenn er sich danach sehnt, mit Dir zusammen ein Lied zu singen oder einen Sonnenuntergang am Meer zu genießen, das bedeutet geliebt zu werden, ohne etwas leisten zu müssen.

„Ich muss gar nichts!"

„Du musst brav sein, Du musst gehorchen, Du musst auf die Erwachsenen hören, Du musst die Hausaufgaben immer sofort machen…" Wenn es irgendwann zu viel wurde, haben wir die Entscheidung getroffen: „Ich muss gar nichts!"

Das Wort „muss" haben wir so stark negativ verankert, dass wir nicht mehr auf die Idee kommen, dass „ich muss" mir auch sehr viel Energie verleihen kann.

Wie oft sagen wir: „Ich könnte eigentlich etwas ändern" und schieben die Entscheidung ständig vor uns her. Gut gemeinte Tipps von Freunden schieben wir in die „Ecke der Bevormundung" und sind nicht mehr offen, ob da vielleicht etwas Nutzbares dabei sein könnte.

Anthony Robbins, der wohl erfolgreichste Coach aus Amerika, empfiehlt aus dem „Ich könnte" ein „Ich muss" zu machen. Wenn wir erkennen, dass etwas sinnvoll für uns wäre, bedarf es einer Entscheidung. Ein „Ich muss" verleiht dann eine enorme Kraft. Wenn wir krank werden, müssen wir auch! Unser Körper zwingt uns dann zur Pause oder zur Veränderung. Wir brauchen nicht darauf zu warten, bis uns eine Krankheit dazu zwingt, etwas zu verändern.

„Klarheit bringt Erfolgserlebnisse" ist der Slogan meiner Schwimmschule. Je klarer eine Sache ist, desto leichter wird sie. Ein „Muss" beendet die Unklarheit. Unentschlossenheit ist das, was am meisten Energie zehrt. Ich persönlich habe schon sehr viel Zeit mit Unentschlossenheit verbracht und bin immer wieder erstaunt, wie schnell Ergebnisse zu erzielen sind, durch Entscheidungen. Ohne dieses „Ich muss" setzen wir viele gute Ideen nicht um. Jede gute Idee verliert an Kraft mit jedem Tag des Wartens. Bodo Schäfer spricht von der 72 Stunden Regel. Alles, was wir nicht innerhalb von 72 Stunden umsetzen, hat nahezu keine Chance zur Verwirklichung. Zumindest ist ein erster Schritt in Richtung Ziel innerhalb dieser 72 Stunden erforderlich.

„Das Leben ist hart" oder „Das Leben ist kein Zuckerschlecken"

Das Leben ist dann hart oder schwierig, wenn wir uns verbiegen und an falschen Zielen arbeiten, die nicht mit unseren Werten übereinstimmen.

Wir wählen den falschen Beruf, weil wir denken, dass man mit diesem Beruf vielleicht leichter Geld verdienen kann.

Eltern wollen für ihr Kind das Beste. Sie versuchen ihre Kinder in die „richtigen Bahnen" zu lenken. Es scheint heute eine Katastrophe zu sein, wenn ein Kind den Übertritt ins Gymnasium nicht schafft. „Man kann nur mit Abitur einen „anständigen Verdienst" erreichen.

Das ist der falsche Ansatz. Das Leben muss hart werden, wenn wir uns verbiegen. Das Leben wird hart, wenn wir nicht unsere Talente ausleben. Eine Frage um herauszubekommen, ob wir wirklich das tun, was uns wichtig ist, was unseren Werten entspricht, ist die Frage:

Würde ich das, was ich mache, auch dann tun, wenn es kein dafür Geld gäbe?

Ist das wirklich mein Haupttalent oder spielt der Gedanke da eine wesentliche Rolle, dass Andere damit schon viel Geld verdient haben?

Es gibt ein wunderbares Buch, „Entwickle Deine Stärken" von Tom Rath. Dazu gibt es einen ausführlichen Talente-Analysetest Strength-finder 2.0. Talente, die Andere bei uns als Haupttalent erkennen, erachten wir für uns als Selbstverständlichkeit. Wir sehen es gar nicht als außergewöhnliches Talent. Wir denken, das kann doch jeder!

Es wird im Strength-finder-Test zwischen Talenten und Stärken unterschieden.

Talente sind eine natürlich Art des Denkens, Fühlen und Handelns. Während der eine sich grundsätzlich für Erfindungen interessiert, hat der andere vielleicht die Vorliebe für die Geschichte der Menschheit. Manche Menschen streben eher nach Harmonie und manche Menschen sehen sich eher als Autoritätsperson.

Optimal wäre es, wenn wir diese natürlichen Neigungen erkennen und als Grundlagen nehmen würden, um daraus Stärken zu machen.

Leider haben manche Menschen durch Erziehung und „Dressur" Stärken entwickelt, die nicht mit ihren wahren Talenten in Übereinstimmung sind.

Ich kann auch gute Leistungen vollbringen, wenn ich gezwungen werde, lange genug an einer Fähigkeit zu arbeiten.

Wenn ich zehn Jahre Klavier spielen übe, entwickle ich Fertigkeiten, die recht gut sein können.

Ausgezeichnete Leistungen werden jedoch nur entstehen, wenn Klavierspielen gefühlsmäßig wirklich zu mir passt.

Analysierst Du gerne? Kannst Du gut koordinieren? Übernimmst Du gern das Kommando? Strebst Du nach Bedeutsamkeit? Liebst Du Ordnung? Hast Du Einfühlungsvermögen? Strebst Du nach Harmonie? Ist Dir Höchstleistung enorm wichtig?

Sind Deine vermeintlichen Stärken konform mit einer oder zwei dieser Talente?

Wenn nicht, dann kann eine Stärke, die dressiert wurde, zu dem Gefühl beitragen, dass das Leben hart und schwierig ist. Es darf leicht gehen!

Wenn wir bei unseren Haupttätigkeiten allzu schnell ermüden, könnte es ein Zeichen sein, dass Talent und Tätigkeitsbereich nicht stimmig sind.

Viele Erfolgstrainer sprechen davon, dass Du eine Vision haben musst. Das Wort Vision klingt so gewaltig und deshalb grübeln viele Menschen jahrelang, was könnte meine Vision sein? Vielleicht führt die Frage „wofür würde ich mich gern engagieren?" etwas leichter zu einer Antwort nach dem Tätigkeitsbereich, der uns Freude bereitet. Was ist für mich wichtig? Wo will ich einen sinnvollen Beitrag leisten?

Erst aus diesen Überlegungen können konkrete Ziele entstehen. Plötzlich merken wir, dass manches Ziel, dass wir uns setzen, beispielsweise ein teures Auto, gar nicht zu uns passt. Wir erkennen, dass dieses Auto unser Leben nicht unbedingt leichter, sondern schwerer machen kann.

Damit wird klar, warum ein solches, materielles Ziel, in uns so wenig Tatenergie freigesetzt hatte.

Außergewöhnliche Tatenergie kann sich nur in dem Bereich entwickeln, der stimmig zu unserer Person ist. Was nutzt ein sicherer Job, wenn wir ihn nicht gerne tun?

Was nutzt das Abitur, wenn wir noch gar nicht wissen, welchen Weg wir danach einschlagen wollen?

Neigungen und Talente bilden sich schon bis zum 14. Lebensjahr aus. Was hat Dich als Kind schon fasziniert?

Wir lernen nur das leicht und gern, an dem wir Freude haben und was für uns Sinn macht.

Ein Junge, der gerne klettert, sich anstrengt und die Natur liebt, kann vielleicht Bergsteiger oder Baumpfleger werden. Ein Erfinder wird einen Weg finden, in dem er Neues erschaffen kann.

Ein begeisterter Sportler wird im Sport seine Erfüllung finden. Wer für sein Leben gerne tanzt, kann mit einer Tanzschule mehr Geld verdienen als in jedem anderen Job.

Wer für sein Leben gerne malt oder singt, wird einen Weg finden, wo dieses Talent auch Früchte abwerfen wird.

Begeisterte Fußballer können mit Ihrem Talent Unmengen von Geld verdienen.

Formel 1 Fahrer haben Spaß am Fahren und verdienen deshalb so gut, weil sie den Firmen durch das enorme Öffentlichkeitsinteresse die Werbung erleichtern.

Wer gern verkauft, hat unendliche Möglichkeiten. Wer für sein Leben gerne liest, wird in diesem Bereich einen Weg finden, nützlich zu sein.

Wer gut reden kann, kann mit Vorträgen mehr Geld verdienen, als jeder Beamte mit sicherem Einkommen. So mancher Kreative hat mit dem Schreiben von Büchern mehr Geld verdient, als jeder Angestellte. Energie und Leichtigkeit kann nur in dem Bereich kommen, wo wir unseren Sinn und unsere Bestimmung sehen.

Großer Erfolg entstand und entsteht immer dann, wenn viele Menschen gemeinsam an einer sinnvollen Idee arbeiten.

Das Leben ist hart, wenn wir alles selber machen.

Das ist der große Unterschied von Selbständigkeit und Gründung.

Falls Du selbständig bist und Du hast das Gefühl, es geht nicht leicht, dann lass' uns über Gründung und

Unternehmertum sprechen. Es lohnt sich über Arbeitsteilung nachzudenken.

„Wenn ich Fehler mache, muss ich mich selbst bestrafen"

Ich saß beim Asiaten in Frankfurt. Zehn Meter vor mir beim Dönerstand sitzt ein wunderschönes Mädchen. „Wow" dachte ich, „hmmm lecker!" und da kam auch schon ihr Freund mit zwei Tellern Döner mit Pommes und Salat. Kurz vor dem Tisch kann er den einen Teller nicht mehr halten und der ganze Matsch samt Knoblauchsoße Salat und Pommes verteilt sich auf einer Fläche von zwei Quadratmetern auf dem Gehweg. Der Dönerbudenbesitzer machte mehrere Anläufe ihn dazu zu überreden, dass er ihm einen neuen Teller bringt. Wie ein kleines Kind war der ca. 35 jährige Mann eingeschnappt und sagte er hätte sowieso keinen Hunger. Bockend saß er dann mit gesenktem Kopf schweigend am Tisch, während seine hübsche Freundin aß und mehrere Versuche unternahm ihm etwas abzugeben. Keine Chance. Er hatte ja keinen Hunger! Was steckt dahinter? Was sind das für Muster? Wenn ich

Fehler mache, muss ich mich selber bestrafen? Darf ich Geschenke annehmen, ohne Gegenleistung? Wenn man so was als Außenstehender beobachtet ist das meist ziemlich lustig oder? Wenn man selber drinsteckt, merkt man`s oft gar nicht! Stimmt`s? Nächstes Beispiel: Du gehst mit Deinem Schatzi spazieren. Schatzi sagt: „ich muss mal ganz dringend Pipi". Du sagst: „Ja, da ist `ne Gaststätte! Sie sagt: „Ach nein, ich schaff`s schon noch!" Kennt ihr das? Wie jetzt? „Ich denk Du musst?" „Soll ich für Dich fragen?" „ Soll ich für Dich gehen?" Was steckt dahinter? Ist das peinlich zu fragen? Fragen wir deshalb nicht, weil wir dort kein Gast sind? Weil es sich nicht so gehört? Weil wir 50 Cent sparen wollen? Was ist der Grund? Lieber machen wir uns fast in die Hose als etwas ohne Gegenleistung zu bekommen?

Ich habe mich auch ertappt, dass ich mich bei Fehlern selbst bestrafe, anstatt aus den Fehlern zu lernen.

Ein Beispiel: Ich hatte eine Lizenzpartnerin für die Schwimmschule ausgebildet. In der Lizenzvereinbarung wollte ich fair sein und habe sie so formuliert, dass ich nur an den Kunden verdiene, die ich für sie gewinne. Bei allen Kunden, die sie selbst rekrutiert, erhält sie die kompletten Einnahmen für sich.

Das hatte einen Haken. Werbung kam teilweise von zwei Seiten. Einmal von ihr und gleichzeitig von mir zu den gleichen Multiplikatoren wie Kindergärten oder Kinderärzten.

Anstatt darüber nachzudenken, wie das künftig zu vermeiden wäre, habe ich lieber ganz auf Lizenzeinnahmen verzichtet und habe sie mit meinem Konzept weiterarbeiten lassen. Ich habe also ein wunderbares Konzept völlig verschenkt, wofür künftige Lizenzpartner mit einem neuen Lizenzvertrag viel Geld bezahlt haben, weil es das wert ist.

Wir sehen, wie viel Selbstknebelung wir uns selbst auferlegen, wenn wir mit Bestrafung erzogen wurden.

Ich hatte nicht gelernt, dass es erlaubt ist, Fehler zu machen. Ich hatte Angst, dass sie einen geänderten Lizenzvertrag nicht unterschreiben würde.

Das ist natürlich Quatsch, weil ich eine Variante gefunden hätte, die ihr genauso Unterstützung zugesichert hätte.

Wir sind es wert, für eine gute Idee oder Dienstleistung auch die Lorbeeren zu ernten.

„Überleg' Dir genau, was Du sagst!"

Möglich, dass Du diesen Satz in deiner Kindheit auch gehört hast. Gepaart mit einem bösen Blick, wurde uns Angst eingeflößt.

Wir haben gelernt, dass es besser sei zu schweigen. „Überleg' Dir genau was Du sagst", heißt mit anderen Worten, „Richte Deine Aufmerksamkeit auf die negativen Folgen und drücke Deine wahren Gefühle auf keinen Fall aus, sondern behalte sie für Dich!"

Wie egoistisch ist das denn? Hat das etwas mit Liebe zu tun? Jemanden mundtot zu machen ist einfacher, als sich auf Diskussionen einzulassen. Ich habe Recht und Du hast nichts zu sagen! Ich bin erwachsen und Du bist nur ein dummes Kind. Das wurde zwar nicht in dieser Deutlichkeit ausgesprochen, aber das Kind hat diese Gefühle genau wahrgenommen.

Was haben wir daraus gelernt? Wir sind auch als Erwachsener mehr im Kopf als im Bauch. Uns fällt es schwer, das zu sagen, was wir sagen wollen. Wir sind angepasst und reden so, wie die anderen es gern hören würden. Das nennt man: „nicht authentisch" sein.

Wir kommen jetzt zu einer konkreten Übung. Nimm Dir Zeit um die folgenden Fragen zu beantworten.

Tiefschürfende Lupenfragen

Ehrliche Selbstanalysefragen

In welchen Bereichen hast Du immer noch das Gefühl, dich selbst zu bremsen?

_____

Wo denkst Du, das kann man doch nicht machen?

_____

Wo hast Du das Gefühl, „das gehört sich nicht"?

_____

In welchen Situationen bremst Du dich, weil Du nicht stören möchtest?

_____

Welche Möglichkeiten testest Du erst gar nicht, weil Du annimmst, dass Du anderen etwas wegnehmen könntest?

_____

Welche Einstellung hast Du zum Verkauf?

_____

Nutzt Du wirklich alle Möglichkeiten Geld zu verdienen oder denkst Du, dass Merchandising-Produkte nicht zu Dir passen, weil das zu sehr nach Verkauf „stinkt"?

_____

Welche Einstellung hast Du zu Werbung?

_____

In welchen Bereichen zwingst Du Dich zu etwas, was Du eigentlich gar nicht machen möchtest?

_____

Wo neigst Du zu Verallgemeinerungen, auf Grund von negativen Erfahrungen?

_____

Wo tust Du nur etwas aus Mitleid?

_____

In welchen Bereichen bist Du nicht ganz ehrlich?

_____

Wo bist Du manipulativ?

_____

Was ist Dir peinlich?

_____

Welche Menschen würdest Du gern ansprechen, hast Dich aber bisher nicht getraut in der Annahme, dass Du ihnen rhetorisch nicht gewachsen bist?

_____

Wen oder was verurteilst Du?

_____

Welche Einstellung hast Du zum Sparen?

_____

In welchen Bereichen gönnst Du Dir nichts, obwohl es für Dein Wohlbefinden nützlich wäre?

_____

In welchen Situationen gibt es bei Dir noch Neid?

_____

Wann spürst Du noch Wut, Ohnmacht oder Kleinheit?

_____

Frustauflösende Fragen

Wenn Du mit etwas unzufrieden bist, suche den wahren Grund!

Das geht mit zwei ganz einfachen Lupenfragen:

1. Was ist daran so schlimm?

2. Was bedeutet das für mich?

Ein Beispiel:

Ich bin sauer, dass ich noch keine Lösung gefunden habe, in meiner Branche Millionen zu verdienen.

Was ist daran so schlimm?

Naja, ich kriege langsam Angst, dass ich im Alter zu wenig Geld habe.

Was ist daran so schlimm?

Naja, ich hab keine Lust, noch mit 60 am Beckenrand stehen zu müssen.

Was bedeutet das für mich?

Ich müsste bis zum Lebensende arbeiten oder wäre auf die Almosen anderer angewiesen.

Was wäre daran so schlimm?

Wenn ich gesund bin, eigentlich nichts, aber wenn ich krank wäre, müssten mich Andere pflegen und das will ich nicht.

Was wäre daran so schlimm?

Ich habe ein schlechtes Gewissen, Hilfe anzunehmen, ohne diese Hilfe entsprechend zu bezahlen.

Was wäre daran so schlimm, wenn Du das nicht bezahlst?

Nicht geliebt, nicht geachtet zu werden.

(da steckt der Glaubenssatz dahinter, „ich muss Leistung erbringen, sonst werde ich nicht geliebt, sonst bin ich nicht liebenswert")

Das Beispiel zeigt, dass hinter einem scheinbar berechtigt erscheinenden Frust, etwas viel Tiefersitzendes liegt.

Sehr oft hat das mit mangelndem Selbstbewusstsein zu tun. Hier: die Annahme, „ich bin nur liebenswert, wenn ich etwas leiste."

Wir hätten den negativen Glaubenssatz nicht entdeckt, weil wir gar nicht danach gesucht hätten.

Dumme Fragen

Teilweise stellen wir uns dumme Fragen, ohne darüber nachzudenken, dass diese uns nicht weiterbringen.

Beispiele:

Warum kann ich einfach nicht abnehmen?

Weil Du zu viel frisst!

Warum passiert immer mir so etwas?

Weil Du nichts dazulernst!

Dumme Fragen bringen dumme Antworten.

Stelle zielführende Fragen, dann kann Dein Gehirn auch nach sinnvollen Antworten Ausschau halten.

Energiebringende Fragen

Das, was erfolgreiche Menschen von weniger erfolgreichen Menschen unterscheidet, ist die Fähigkeit, nicht lange in Frustphasen zu verweilen.

Sie haben Möglichkeiten gefunden, ihr Energielevel hoch zu halten. Energie ist die Basis für unsere Handlungsfähigkeit.

Wenn wir uns zu sehr auf unsere Ziele konzentrieren, kann es mit der Energie sehr schnell bergab gehen, weil wir in erster Linie wahrnehmen, was wir noch nicht erreicht haben.

Das Gute übersieht man oft. Deshalb ist eine der wichtigsten energiebringenden Fragen:

Wofür bin ich heute dankbar?

Ich empfehle aus eigener Erfahrung ein Dankbarkeitstagebuch zu führen. Es dauert nicht länger als das Zähneputzen. Seine Erfolge vom Tag aufzuschreiben oder die Dinge, für die ich heute dankbar war, bringt Selbstbewusstsein.

Dankbarkeit bringt Seelenfrieden. Wir ziehen immer das in unser Leben, worauf wir uns konzentrieren. Ob wir ausgeglichen und mit unserem Leben zufrieden sind, hängt unmittelbar davon ab, ob wir das sehen, wofür wir dankbar sein können.

Das Aufschreiben hat durch den hohen Konzentrationsgrad eine potenzierende Wirkung. Da unser Unterbewusstsein auch nachts aktiv ist, kann es in Richtung Zufriedenheit und Dankbarkeit weiter arbeiten, während wir schlafen.

Eine sehr energiebringende Frage ist:

Mit welchem Gedanken möchte ich morgen früh aufwachen?

Es erfordert Konsequenz sich solche Rituale anzueignen. Nach einem Monat ist es mit ziemlicher Sicherheit schon eine positive Angewohnheit.

Es können Kleinigkeiten sein. Zum Beispiel hast Du heute bemerkt, dass Du tatsächlich „Nein" gesagt hast, in einer Situation, in der Du früher aus schlechter Angewohnheit heraus „Ja" gesagt hättest.

Bei der Auflösung alter Verhaltensmuster wird das einmalige Durchlesen dieses Buches nicht ausreichend sein.

Wir brauchen die stetigen Beweise, dass wir sie in neue förderliche Glaubenssätze umgewandelt haben.

Oft lässt die Energie nach, wenn die anfängliche Euphorie weg ist. Deshalb ist die Frage nach dem ursprüngliche **„Warum"** so wichtig:

Was war der ursprüngliche Grund meines Vorhabens?
Wenn wir den Grund vergessen, warum wir etwas begonnen haben ist ein Tag schnell mit Nebensächlichkeiten vertrödelt. Einen neuen Kunden zu gewinnen, könnte einen Tag länger Urlaub für Dich bedeuten. Wir brauchen das gute Gefühl einen erfolgreichen Tag absolviert zu haben.

Wer gibt mir Rückenwind?

Dein Umfeld kann Dir Kraft geben oder nehmen. Ein starker Partner kann ein Katalysator sein. Großer Erfolg entsteht nie im Alleingang. Du wirst spüren, dass die Bremser ohnehin mehr und mehr aus Deinem Leben verschwinden, wenn Du deine alten Glaubenssätze aufgelöst hast. Die Personen, die es früher von Dir gewohnt waren ein "Ja" zu bekommen, werden Deine Veränderung sehr wohl bemerken, wenn Sie dich plötzlich nicht mehr manipulieren können.

Hole Dir zusätzlichen Rückenwind durch neue wertvolle Kontakte. Suche mit Neugier nach den Besten! Jeder erfolgreiche Sportler hatte einen guten Trainer. Ein Trainer oder Mentor ist dazu da, Dich daran zu erinnern, was der ursprüngliche Grund war, warum Du eine Sache begonnen hast. Er macht in der kürzesten Zeit das Beste aus Deinen Talenten. Er benutzt auch die Lupe, um zu sehen, was wirklich wichtig ist.

Wie kann ich einen negativen Gefühlszustand innerhalb weniger Sekunden in einen positiven verwandeln?

Ankern von positiven Gefühlen

Ein physischer Reiz, wie ein Schlag ins Gesicht, löst sofort ein negatives Gefühl bei uns aus. Diesen Mechanismus, können wir uns auch im Positiven zu Nutze machen. Anhand der nachfolgenden Liste **„positive Gefühle auslösende Fragen"** kannst Du Dich in einen euphorisch positiven Gefühlszustand hereinsteigern. Du nimmst eine der schönsten

Situationen heraus und stellst sie Dir noch einmal in allen Details vor. In dem Moment, wo Du im Höhepunkt dieses positiven Gefühlszustandes bist, drückst Du zum Beispiel mit dem Fingernagel Deines Mittelfingers in den Handballen Deines Daumens.

Du speicherst (setzt einen Anker) quasi an dieser Stelle physisch Deine guten Gefühle ab. Halte diesen leichten Druck so lange aufrecht, wie Du diese positiven Gefühle euphorisch spüren kannst. Automatisch bilden sich Nervenverbindungen zwischen dem Gehirn und diesem Druckpunkt, so dass Du auch in Zukunft durch das Drücken dieses Punktes diese positiven Gefühle zu jeder Zeit wieder hervorholen kannst, wenn Du sie brauchst. Dieser Punkt wird dann zu Deiner persönlichen Goldgrube. Es gibt nichts Wertvolleres, als die Fähigkeit, sich schnell selbst in einen positiven Gefühlszustand versetzen zu können.

Ob wir morgens gern aus dem Bett aufstehen, wie wir auf Ungerechtigkeiten reagieren, ob wir andere begeistern können, alles hängt von diesem Gefühlszustand ab.

Positive Gefühle sind immer mit chemischen Reaktionen im Gehirn verbunden. Um diese Endorphin-Ausschüttung in Gang zu setzen, bedarf es entweder positiver Gedanken oder dieses physischen Auslösers.

Da wir oft in negativen Gedankengängen gefangen sind, ist das Drücken des Positiv-Ankers die schnellste Variante, diese nicht förderlichen Gedankengänge zu stoppen oder zu unterbrechen.

Diese Technik aus dem Neuro-linguistischen Programmieren (NLP), ist auch für unsere Gesundheit extrem förderlich. Endorphin-Ausschüttungen wirken sich stärkend auf unser Immunsystem aus.

Warte also mit dieser Gefühlsarbeit nicht, bis es Dir schlecht geht, sondern praktiziere sie regelmäßig. Du wirst diesen Anker oft genug im Leben brauchen. Man könnte diesen Ankerpunkt auch an anderen Stellen des Körpers setzen. Der Vorteil des Handballens besteht darin, dass man ihn in jeder Lebenslage unauffällig drücken kann.

Angenommen es versucht gerade jemand Dir ein schlechtes Gefühl einzureden, ist es wesentlich einfacher und unauffälliger diesen Positivanker zu drücken, als wenn Du ihn am Po positioniert hättest.

Während ich das hier schreibe, kommt mir die Idee, dass das gar nicht so schlecht wäre, auch am Po einen Positiv-Anker zu setzen. Das würde den Spaß-Faktor erhöhen und wäre gleichzeitig eine verkaufsfördernde Maßnahme für dieses Buch.

Wenn sich der andere wundert, warum Du Dich am Po drückst und nicht mehr auf seine Sticheleien einsteigst, kannst Du ihm von diesem Buch erzählen.

Setze Deinen Positiv-Anker, wenn Du nachfolgende Fragen schriftlich beantwortest, und Du in diesen positiven Gefühlszustand gekommen bist:

Fragen, die positive Gefühle auslösen

In welcher Situation warst Du mal richtig euphorisch glücklich?

_____

Wann warst Du mal so richtig stolz auf Dich?

_____

In welcher Situation hattest Du mal einen Lachanfall?

_____

Warst Du schon mal extrem verliebt? Welches Bild hast Du vor Augen, wenn Du an Dein schönstes Sexerlebnis denkst?

_____

Was ist für Dich der wertvollste Gegenstand, den Du Dir selbst geleistet oder geschenkt bekommen hast und unter keinen Umständen missen möchtest?

_____

Was tut Dir besonders gut? Eine Massage? Ein Schwimmbadbesuch? Ein Friseurbesuch?, Sauna? Tauchen?

_____

Welches Tier magst Du besonders gern und warum?

_____

Welcher Sport löst bei Dir große Glücksgefühle aus?

_____

Warst Du mal in der Zeitung? Im Fernsehen?

_____

Was kannst Du besonders gut? Spielst Du ein Instrument? Singst Du gern?

_____

Malst Du gern?

_____

In welcher Umgebung fühlst Du Dich am Wohlsten? Ist es das Meer oder die Berge? Hast Du ein bestimmtes Land vor Augen? Was ist da so besonders? Ist es das Geräusch der Wellen? Ist es der Wind den Du liebst? Liebst Du die Steilküsten, die Steine, oder den Sand? Die Ruhe oder den besonderen Menschenschlag? Welche Farben, welcher Duft löst in Dir positive Gefühle aus?

_____

Über welches Geschenk, hast Du Dich am meisten gefreut?

_____

Welches Gericht magst Du besonders gern? Welches Getränk?

_____

Hast Du Deinen Anker gesetzt? Es macht Sinn, auch in Zukunft immer dann, wenn Du Glücksmomente empfindest, diese Glücksmomente an dem gleichen Ort zu ankern. Je mehr Glück dort gespeichert ist, desto wertvoller wird dieser Gefühls-Brillant für Dich.

Alte Glaubensmuster mit Humor ins Gegenteil verwandeln

Ich hoffe, das Buch hat Dir geholfen, so manche falsche Annahme bewusst zu machen. Jetzt ist es an der Zeit die neuen Erkenntnisse im Alltag auch anzuwenden. Mir hat es gut getan, das auf spielerische, humorvolle Art und Weise zu tun.

Als ein Bekannter nach dem Freundschaftspreis für den Schwimmkurs seines Sohnes fragte, habe ich geantwortet: „Der Normalpreis ist 150,-€. Gib mir 200, weil Du mein Freund bist!" Damit war die Feilscherei um einen Rabatt vom Tisch.

Statt: „Lieber arm als gesund": „Was nutzt die beste Krankheit, wenn Du arm bist".

Nicht: „Mein Chef reißt mir den Kopf ab, wenn ich das nicht schaffe", sondern: „Ich reiße meinem Chef den Kopf ab, wenn er mich stressen will".

Statt: „Sei brav, der liebe Gott sieht alles": „Sei ehrlich, der liebe Gott ist nicht doof".

Statt: „Sei schön bescheiden": „Ich bin bereit, alle Geschenke anzunehmen, die andere jemals abgelehnt haben".

Statt „Du ärgerst mich": „Ich werde mich erst um 21 Uhr darüber ärgern".

Finde selbst noch weitere lustige Umwandlungen!

Positive Suggestionen

Wenn Du Dir etwas Gutes tun willst, dann lies' Dir diese nachfolgenden, positiven Sätze, anfänglich einmal am Tag, später nach Bedarf, immer mal wieder laut vor. So können die förderlichen Glaubenssätze mehr und mehr Deinen Alltag bestimmen und geraten nicht wieder in Vergessenheit.

In Ruhe und Aufmerksamkeit liegt mehr Potential als in hektischer Betriebsamkeit.

Liebe ist die stärkste Kraft im Leben, also lassen sich alle Dinge durch eine genügend große Portion an Liebe am Leichtesten umsetzen.

Du darfst Deine eigene Lebensqualität an die oberste Stelle stellen.

Nur wenn es Dir gut geht, kannst Du aus vollem Herzen für andere da sein.

Du akzeptierst den Lebensstil anderer wertungsfrei.

Vertrauensvolles Miteinander ist die Basis für ein gutes Leben.

Regeln, die unsere Eltern mal aufgestellt hatten, können veraltet sein.

Du darfst für dich neue Regeln aufstellen.

Neugierde, Freude und Aufmerksamkeit sind die Grundlage für Sicherheit.

Du darfst nein sagen, wenn Du nein meinst.

Vertrauen ist die Grundlage für jede gute Beziehung.

Du darfst Dir Zeit für Dich nehmen.

Es gibt einen gewaltigen Unterschied zwischen Bescheidenheit und Dankbarkeit.

Dankbarkeit ist gut. Ehrlichkeit ist gut.

Es gibt in jeder Branchen die Möglichkeit ein mehr als ausreichendes Einkommen zu generieren.

Ich vertraue darauf, dass sich alles zu meinen Gunsten fügen wird.

Dein Herz sagt Dir genau, wie Du Dein Leben am liebsten gestalten willst.

Gehe Deinen eigenen Weg. Schritt für Schritt.

Der Grundzustand des Glücklich-seins beeinflusst Deine Wahrnehmungen.

Sei dankbar und glücklich.   Bleib neugierig!

„Burnout-Prophylaxe"

Ich liebe den Komiker und Kabarettisten Johann König! Er hat diesen Begriff kreiert. Ein Jahr hat er „sehr viel Nichts" getan, als Burnout Prophylaxe.

Sie werden spüren, dass die Auflösung von nicht hilfreichen Glaubensmustern aus der Erziehung tatsächlich so was wie Burn-out Prophylaxe sein kann. Alle Probleme haben ihre Ursache in diesen Programmierungen. Wir wählen den falschen Beruf, fühlen uns überfordert, glauben, nicht schnell genug voranzukommen, verurteilen andere, sind neidisch oder ziellos. Ein Mensch ohne Lachfalten ist kein schlechter Mensch, er war bisher lediglich am falschen Platz. Je früher wir das erkennen, desto weniger Herzinfarkte oder Burnout wird es geben. Wir wurden kontrolliert, ob wir Zähne geputzt haben, ob wir Hausaufgaben gemacht haben, ob wir pünktlich im Bett waren oder ob unser Zimmer aufgeräumt war. Niemand hat kontrolliert, wie oft wir den Tag über gelacht haben.

Wie sollen wir da als Erwachsener auf die Idee kommen, zu kontrollieren, was uns am heutigen Tag glücklich gemacht hat?

Wir merken plötzlich, wie sehr wir uns von Meinungen Anderer haben steuern lassen. Wir erkennen, dass vermeintliche Schwächen in der Umkehrung zu enormen Stärken werden können. Wenn ich früher der Meinung war, nicht gut planen zu können, dann stelle ich heute fest, dass ich bei Dingen, die mir wirklich wichtig sind, sehr wohl gut planen kann. Ich glaube generell, dass Burnout oder Stress etwas damit zu tun haben, dass wir an für uns falschen Positionen arbeiten. „Wofür mache ich das eigentlich?" ist häufig die Frage, die wir uns stellen, wenn wir auf Dauer zwar viel arbeiten, aber unterm Strich wenig erreicht haben. Wenn wir Musiker wären und ein abendfüllendes Programm von 50 Songs benötigen, dann wissen wir ganz genau, was wir jeden Tag tun müssen, damit das Programm im Sommer steht. Plötzlich können wir planen und es macht sogar Spaß. Wir können Song für Song abhaken, wenn er sitzt.

Wenn wir den Glaubenssatz „Ich kann nicht sparen" umgewandelt haben in „Ich bezahle mich selbst oder ich gebe mir Trinkgeld" macht es plötzlich Freude zu kontrollieren, wie hoch mein derzeitiger Belohnungsstand für meine geleistete Arbeit ist.

Wenn wir früher der Meinung waren, dass es sinnlos ist, über wichtige Dinge Buch zu führen, erkennen wir heute, welche guten Gefühle das Aufschreiben auslösen kann.

Wenn Kontrolle früher ein negativ besetztes Wort war, weil es oft mit Bestrafung einherging, sehen wir heute, wie dienlich Kontrolle dem Selbstwertgefühl sein kann, wenn wir sie zum Zwecke der Selbstbelohnung einsetzen.

Gute Nachsätze statt „gute Vorsätze"

Der Jahreswechsel ist ein guter Zeitpunkt zu reflektieren, was im vorangegangenen Jahr gut gelungen ist. Bevor Du, nur, weil es so üblich ist, gute Vorsätze formulierst, tue etwas Gutes für Dein Selbstbewusstsein. Es wird immer etwas Messbares geben, was die Veränderungen aus dem vergangenen Jahr sichtbar macht. Darüber Buch zu führen macht Spaß. Insbesondere nach dem Lesen dieses Buches, wird es viel Erfreuliches geben. Dankbarkeit ist der Schlüssel, um glücklich zu leben.

Deshalb ist die Konzentration auf das, was uns gut gelungen ist, die Basis für jede Weiterentwicklung. Es ist nichts gegen gute Vorsätze einzuwenden, wenn sie wirklich stimmig zu unserer Person sind.

Sich Ziele zu setzen, die wir von anderen übernehmen, nur weil es dem Idealbild der Gesellschaft entspricht, bringt Frust. Der Normalzustand unseres Gehirns ist ein großes Durcheinander. Wir können durch Fokussierung, Klarheit und Ordnung dieses Durcheinander beenden. Klarheit und Stimmigkeit verursacht die Ausschüttung des Belohnungshormons Dopamin im Gehirn. Das spüren wir in den Momenten, wo uns das Leben leicht gelingt, wo es „flutscht", wo wir im Flow sind. Ich wünsche Dir von ganzem Herzen, dass Du immer mehr solcher Flow-Erfahrungen machen wirst.

Literaturübersicht

Thomas Rath, Entwickle Deine Stärken, Redline-Verlag, München, 2014

Bodo Schäfer, Der Weg zur finanziellen Freiheit, Campus Verlag, Frankfurt/New York, 1999

Michael E. Gerber, Das Geheimnis erfolgreicher Firmen, ACCORD Unternehmensentwicklungsgesellschaft, 2002

Timophy Ferris, The 4 hour work week, Random House Group, New York, 2009

Brian Tracy, Das Gewinner-Prinzip, Gabler Verlag, Wiesbaden, 2013

T. Harve Eker, So denken Millionäre, Wilhelm Heyne Verlag, München, 2010

Petra Bock, Mind Fuck das Coaching, Knaur Verlag, München, 2013

Donald Trump, Wie man reich wird, Finanzbuchverlag, München, 2015

Erich J. Lejeune, Lebe ehrlich, werde reich, mvg-Verlag, München, 2013

Thorwald Dethlefsen, Rüdiger Dahlke, Krankheit als Weg, Bassermann-Verlag, München, 2008

Robert Betz, Frieden mit meinen "Arsch-Engeln", Audio-CD Robert Betz-Verlag, 2008

Vera F. Birkenbiehl, Stroh im Kopf, mvg-Verlag, München, 2013

Lieber Leser, liebe Leserin,

ich bin dankbar, dass Du das Buch gelesen hast und freue mich auf Dein Feedback. Du kannst mir schreiben, welche Veränderungen in Deinem Leben eingetreten sind.

Gern helfe ich auch in einem persönlichen Coaching, wenn Du als Privatperson oder als Selbständiger an Deine Grenzen stößt.

Wir können gemeinsam konkrete Pläne oder Geschäftsideen erarbeiten, die Deinem Talentbereich am besten entsprechen.

Ich empfinde große Freude daran, den Prozess mitzuerleben, wenn Menschen plötzlich viel mehr Selbstbewusstsein entwickeln, weil sie für sich am richtigen Platz sind.

Ich hoffe, wir sehen uns irgendwann einmal persönlich!

Volker Baars

Kontakt: info@blockaden-test.de

Urlaubs-Seminare 3000+

Ziel des Urlaubsseminars 3000+ ist, dass jeder Teilnehmer am Ende des Urlaubsseminars mit einem Konzept nach Hause fliegt, welches eine tragfähige Existenz in realistische Perspektive rückt.

Jeder Teilnehmer erarbeitet sein eigenes Konzept entsprechend seiner Talente und Fähigkeiten.

Anmeldung und Information: www.urlaubs-seminare.de

Herstellung und Verlag:
BoD - Books on Demand, Norderstedt
ISBN 978-3-7431-7745-1